金沢らしさとは何か

まちの個性を磨くための
トークセッション

山出保＋
金沢まち・ひと会議

小立野台地 宝円寺横の階段坂 ©Hirotoh MORIKAWA

柿木畠 西外惣構 ©Hirotoh MORIKAWA

月下の金沢21世紀美術館 ©Hirotoh MORIKAWA

東山 旧観音町 ©Hirotoh MORIKAWA

まえがき

本書は、前金沢市長の山出保氏（在任期間1990～2010年）を囲んで、『金沢の気骨』（北國新聞社刊、2013年）をテキストにして2013年6月～11月に実施された「金沢の気骨を読む会」および、その後に開かれた座談会（2014年4月12日）と報告書記念シンポジウムでの鼎談《ていだん》（2014年12月14日）の記録を元にして、書籍向けに再編集したトークセッション集です。

一般的な対談の書籍とは異なり、金沢のまちづくりを考える人たちが集まり、山出氏との対話を通して学びを得るプロセスを、その「場」の雰囲気のまま記述する、実験的な書物のスタイルを取っています。「金沢の気骨を読む会」は、当初『金沢の気骨』の章立てに沿って進められましたが、その学びのプロセスの中で、まちづくりの本質をめぐる議論となり、「金沢らしさ」とは何か、という新たなテーマが浮かび上がってきました。本書は、山出氏を導き手としていますが、むしろ山出氏を含む「学習コミュニティ」が、まちづくりの共通の哲学にたどり着くまでの思考の道筋を描いています。

2015年3月に北陸新幹線が開業し、翌年には北海道新幹線の開業が控えています。安倍内閣はローカル・アベノミクスの掛け声のもと地方創生を掲げ、各地方自治体は地方版総合戦略の策定に奔走しています。こうした状況のもとで、いまや「まちづくり」はあらゆる市町村の政策課題となっていますが、そのほとんどは地域活性化を標榜《ひょうぼう》し、人が集まってきたり、産業活動が活発になったりすることを基本的な目的としています。また、世に溢《あふ》れている「まちづくり本」も、その多くは、事例や手法論ないし活動論に集中しています。これに対して本書は、「まち」のあり方はそれでよいのかという、まちづくりの本質の議論を提起します。

文化イベントであったり観光であったり、何らかの新奇な手段によって、「いま」の時点での活性化に一時的に成功したとしても、それは果たして持続的なまちの発展になるでしょうか。世界の中でそのまちが独自の輝きを持つことにつながるでしょうか。そうした本質を見失ったまちづくり論や、首長の思いつきのような政策の濫造《らんぞう》に対して、本書は一石を投じます。

まちには歴史があり、伝統があります。しかし古いやり方に固執していてはまちの魅力は失われます。まちは常に新しく更新されていきますが、新しい取り組みはまちの伝統とどのように調和されるでしょうか。新しい文化の芽はまちの新たな伝統に育つのか、それとも混乱を生んで、かえってまちの魅力を壊してしまうのか。何でも新しいことをやればよいわけではなく、「まちの個性」を磨くために、何がほんもので、何がそうでないのかを、私たちはどのように見極めればよいのでしょうか。

このようなまちづくりの哲学を真剣に考える上で、金沢は恰好《かっこう》の素材を提供してくれます。北陸新幹線開業によって、多くの人が金沢を訪れるようになりましたが、まちに人が訪れるのも、あるいは人が集まって何か面白いことを始めようとするのも、そこに他にはない魅力的な文化やコミュニティがあるためだといえるでしょう。金沢には、幸いなことにたくさんの方に評価されるまちの魅力があるようです。しかし、それは放っておけば、安易に消費され、劣化し、簡単に消え去っていくかもしれません。このような時期だからこそ、金沢の魅力はどこにあって、どのようにつくられてきたのか、そして何を守り、何を新しく取り入れていけばよいのかを議論することに意味があります。

その金沢のまちづくりを自治体の政策を通じて体現されてきたのが山出保氏であり、本書は山出氏の取り組みと思想を読み解く形で、「金沢らしさ」を議論します。政治家の業績を単純に持ち上げるような本ではありません。また、研究者による学術的な理論の開陳でもありません。山出氏自身も必ずしも言葉にしきれていない感性の部分を抽出し、できるだけ簡易に言語化して、そして価値の共有化を図ろうとする創造的な思考形成の過程を意識しています。こうした学習過程それ自体が、金沢のまちづくりの一部でもあります。

山出氏とトークセッションを行うのは、金沢のまちづくりに関する有志の会である「金沢まち・ひと会議」のメンバーを中心とする23名です。専門、職業、出身、年齢はそれぞればらばらですが、いずれも金沢で次代のまちづくりを担おうと、学習と協働に取り組んでいるメンバーです。「金沢まち・ひと会議」は、2006年に設立されたNPO法人・趣都《しゅと》金澤《かなざわ》の活動のひとつとして、金沢の新しい都市文化を発信する事業を行っています。実は、本書に登場するメンバーだけでなく、「金沢の気骨を読む会」には、多様な方面で金沢のまちづくりに関わる50名前後の参加者がいました。名前を記載したのは本書に発言を掲載した方々のみですが、その背後にはもっと多くの思索と討議の積み重ねがありました。

本書の構成は、まず「I　伝統に創造の営み」として、金沢のまちにおける文化の成り立ちについて、伝統と創造の両面、その関係性から議論していきます。次に、「II　まちの文化的景観」では、金沢におけるまちづくりの背景や枠組みについて、都市計画や景観条例などの金沢市の施策を材料に、議論を進めていきます。最後に「Ⅲ　まちづくりの本質を探る」では、「金沢らしさ」とは何か、という山出氏の問題提起を受けて、「ほんものとは」、「新しさとは」、というまちづくりの本質を掘り下げる議論を展開します。さらに、「Ⅳ　総括討論」として、これまで金沢のまちづくりを牽引《けんいん》されてきた水野一郎教授（金沢工業大学）を交えた鼎談を通じて、ここまでの議論をあらためて総括し、また「座談会」を通じて、トークセッションの参加者自身による学びの振り返りを行います。

最後になりましたが、本書の企画にあたっては、山出保・前金沢市長に最初から最後まで熱心にご協力・ご指導をいただき、心より感謝申し上げます。本書が、金沢の自治体行政、大学、経済団体、まちづくり団体、市民におけるこれからのまちづくりの学習と実践にすこしでも参考になれば、また、まちづくりに関心を持つ全国各地域の人々に、学習のヒントを提供できればと願っています。

２０１５年11月

金沢まち・ひと会議を代表して

佐無田　光

内田奈芳美

金沢らしさとは何か　まちの個性を磨くためのトークセッション　目次

まえがき

I　伝統に創造の営み

1　文化都市のなりたちと伝統……13
2　新しい文化が金沢にもたらしたもの……26
3　文化を引き継ぐために大事なこと【トークセッション1】……33
4　金沢から新しい文化を発信する【トークセッション2】……46
5　金沢のものづくり【トークセッション3】……54
6　金沢のコミュニティ【トークセッション4】……61

II　まちの文化的景観

7　都市計画でまちをつくる……83
8　景観条例でまちの風格をまもる……97
9　まちの名前と歴史……108
10　ストーリーのあるまちづくり【トークセッション5】……114
11　金沢流の景観づくり【トークセッション6】……121
12　自制の論理【トークセッション7】……130
13　まちの計画性と多様性【トークセッション8】……141

III　まちづくりの本質を探る

14　世界都市金沢……161
15　山出流の極意……170

16 「金沢らしさ」とは何か……185
17 ほんものとは【トークセッション9】……192
18 新しさとは【トークセッション10】……207
19 「金沢らしさ」をつくるために【トークセッション11】……219
20 まちづくりの哲学【トークセッション12】……237

Ⅳ 総括討論

21 **鼎　談** 「金沢らしさ」と次世代へのメッセージ……250
22 **座談会** 山出さんが伝えようとしたこと
これから私たちが継承していくこと……264
あとがき　山出　保……290

本書での発言者（発言順に掲載。肩書・組織名は2013年当時のもの）

秋元《あきもと》　雄史《ゆうじ》　金沢21世紀美術館館長

山出《やまで》　保《たもつ》　石川県中小企業団体中央会会長
前金沢市長

高山健太郎《たかやまけんたろう》　ノエチカ ディレクター

竹橋《たけはし》　悠《ゆう》　金沢工業大学大学院生

仁志出憲聖《にしでけんせい》　金沢学生のまち市民交流館コーディネーター
KAKUMA NO HIROBA 代表

横山《よこやま》　隆《たかし》　アドコンシェル代表取締役社長

大樋《おおひ》　年雄《としお》　陶芸家　デザイナー

浦《うら》　淳《じゅん》　浦建築研究所代表取締役

佐無田《さむた》　光《ひかる》　金沢大学教授

角谷《かどや》　修《おさむ》　金沢美術工芸大学教授

安江《やすえ》　雪菜《ゆきな》　計画情報研究所専務取締役
能登スタイルプロデューサー

小津《こづ》　誠一《せいいち》　E.N.N.代表　嗜季代表

内田奈芳美《うちだなおみ》　金沢工業大学講師

吉村《よしむら》　寿博《としひろ》　吉村寿博建築設計事務所代表

中村《なかむら》　卓夫《たくお》　陶芸家

川﨑《かわさき》　寧史《やすし》　金沢工業大学教授

モリ川《かわ》ヒロトー　作曲家　フォトグラファー
映像クリエイター

浅田《あさだ》　久太《きゅうた》　浅田屋代表取締役社長

神﨑《かんざき》　淳子《じゅんこ》　金沢大学大学院生

所《ところ》　健児《けんじ》　ホテルトラスティ金沢開業準備室チーフ

山岸《やまぎし》　晋作《しんさく》　山岸製作所代表取締役社長

蜂谷《はちや》　俊雄《としお》　金沢工業大学教授

宮川《みやかわ》　真也《しんや》　ヴォイス代表取締役
クリエイティブディレクター

宮下《みやした》　智裕《ともひろ》　金沢工業大学准教授

水野《みずの》　一郎《いちろう》　建築家　金沢工業大学教授・顧問

グラビア写真
モリ川 ヒロトー
小立野台地 宝円寺横の階段坂　2013年4月4日16時53分撮影
柿木畠 西外惣構　2013年6月30日14時30分撮影
月下の金沢21世紀美術館　2012年9月28日 18時29分撮影
東山 旧観音町　2015年1月3日18時15分撮影

装　丁
株式会社ヴォイス

I

伝統に創造の営み

秋元■これから「金沢の気骨を読む会」と題して勉強会を開催します。この会は、山出保前金沢市長のまちづくりの哲学を学び、引き継ぐ人材を育成する会です。そのために金沢のまちづくりに関わっている方々にお集まりいただきました。会の進め方ですが、山出さんに総論として『金沢の気骨』で伝えたかったことを解説いただいたあとに、キースピーカーによる問題提起を交えながら、受講者全体でトークセッションを行います。

山出さんは、先輩から金沢を引き継ぎ、市長職20年を通じて「歴史都市」「文化都市」といわれる今日の金沢の姿をつくってこられました。『金沢の気骨』は、その思いや様子を綴《つづ》ったまちづくりの実践の書です。まちづくりを考える私たちにとっては随所にヒントが溢れる実用の書でもあり、それを読むだけでも十分勉強になるのですが、もっと欲張りに山出さんの考えを直接学びたいと考えました。

20年間の取り組みそのものがユニークであり、創造的なものですが、もっとも我々が学ばなければならない点は、血肉のように巡っている哲学であり、金沢への深い愛情です。それを山出さんと対面して学んでいきたいと思います。本を読み、ご本人と対話する。そしてみんなで共有する。そのプロセスに生きた学びの場が生まれると思います。

くれぐれも参加者の皆さんは単なる傍観者とならずに積極的に会に関わって発言をお願いします。山出さんを前に気持ちで臆《おく》することなく対話をしたいと思っています。長丁場になりますがよろしくお願いします。

1　文化都市のなりたちと伝統

●城下町文化をうけつぐ

山出■まず、金沢の成り立ちからお話ししましょう。城下町の基盤をつくったのは前田家のおよそ初代利家《としいえ》、二代利長《としなが》、三代利常《としつね》です。二代のときには高山右近が入ってきまして、この人の力も加わって骨格がつくられたと考えています。加賀藩の文化をプロモートし、スポンサーになったのは、おおかた三代の利常、五代の綱紀《つなのり》、十三代の斉泰《なりやす》だと思います。城下町文化の主体はサムライ・職人・商人でした。

京都はお公家が主体です。東京は江戸を壊してしまいました。ですから「東京にいま、江戸はない」と一般的にいわれるわけであります。金沢はサムライで、京都がお公家だったら、金沢は京都ではない。江戸のない東京でもない。そうするとやっぱり金沢は金沢です。

作家の丸谷才一氏と劇作家の山崎正和氏が金沢を語り合った対談が『日本の町』（文藝春秋）という本に載っています。その中で山崎氏はこういいました。「京都人にとって文化は自分で消費するものではなく人に売るものである」。京都は文化を売るというわけですね。それにひきかえ「金沢の人たちは文化を使っているという感じがする」と。

よく人は「金沢は小京都だ」といいます。この表現はやっぱり具合が悪い。「金沢は古都だ」ともいう。しかし、それもおかしな話で、奈良、京都には千年の歴史があります。鎌倉は８００年です。金沢はたかだか４００年です。だから金沢に「古都」という表現はふさわしくない。金沢を「古都」とか「小京都」というのは私も含めて、やめたほうがいいと思っています。

歴代の藩主は「武よりも文」を大事にしました。それで前田は腰抜け大名だという批判や非難も受けたわけなのです。最後の藩主まで14代、280年続くわけですが、戦争を避けたということは事実です。徳川との関係が難しかったのでしょうけれど、だからこそ徳川との間には姻戚《いんせき》関係を結ぶわけですね。そういうことまでして戦《いくさ》を避けてきた。避けてきたから、文化が守られ、進められたということです。文化と平和の相関関係を実証したまちが金沢です。

金沢工業大学の水野一郎先生は「金沢はバウムクーヘンみたいなまち」という言い方をされています。金沢の中に江戸時代の要素は確かに今日まで残っています。19世紀の近代も残っております。先の戦争が済んでこの方、現代の様相も残しておるわけでございます。この歴史の跡を刻みながら時代を変えてきた。その跡の残っているまちが金沢だと。そういう意味で金沢を「歴史の多層都市」と呼ばせてほしいということを、僕は『金沢の気骨』の中に書いたわけです。

僕は武家社会であったということの意味は大変重いと思っています。武家社会は格式社会。すべてはハイクオリティ。だから、金沢というまちは学術と文化を大事にしないとだめです。

学術と文化にこだわるというのは、城下町文化を大切にすること。今日金沢の文化産業やまちづくりの面で息づいているのは、やはり城下町文化なのです。

●職人文化を伝え、つなげる

永六輔さんの岩波新書に『職人』（1996年）という本がありまして、そこに「職人とは生き方である」という表現がございました。よく一般に「職人気質《かたぎ》」という言葉でいわれるわけですが、職人の生き方に僕は大変な関心を持っています。僕自身も職人の子ですけれど、おやじの姿をずっと見てきていますので、職人というものについての思い入れは人一倍強いものがあります。

金沢職人大学校をつくったきっかけは何かといいますと、金沢市の森本というところでお宮の新築披露があったときのことです。半纏《はんてん》を着た人たちのテーブルのところにいって「あなた方はどこの人？」と聞きましたら、「富山県の井波です」と答えました。井波（南砺市）というのは欄間《らんま》のまちです。欄間をつくる井波から金沢の森本のお宮さんをつくるためにきたという話でありました。僕はびっくりしまして、「ああ、金沢にお宮さんをつくる大工はいないのか」と。これが直接のきっかけなのです。

僕が知っている宮大工の方に、もう年齢は80ぐらいでしたが、「金沢に宮大工はいないのか」と聞いたら、「そうや」と。それで事《こと》は緊急を要すると、そんなふうに感じた次第です。

大工の職だけ取り上げるのは、市長の立場として具合が悪いので、植木屋、壁屋の師匠格にも話をしました。みんなおっしゃることは、「それは大事なことで、教えないと次の時代に伝わっていかない」という話でしたので、決心したわけです。

僕が相談をした宮大工は朝6時に私のうちにきました。毎日みたいにくるので大変でしたが、それほど真剣でありました。

埼玉県に学校法人「ものつくり大学」をつくった先例がありました。初めて職人になる人を教えるための施設です。僕はそんなことでなしにでき上がった職人に高度な技を教えるということにしたわけです。

お宮さんをつくるときは屋根は反《そ》りますから、普通の家とは全く違います。それなりの技と知識を持たなきゃいけない。また金沢は、お茶室はたくさんありますが、茶道の心得がないとお茶室はつくれないわけで、そんなことを分かっている大工というのは、もう80歳になっていたわけです。

大工・造園・左官・表具・石工・瓦・建具・畳・板金と、全部で9つの業種がありまして、9つの組合にそれぞれ関心を持ってもらうとなると、すべて市が負

重要文化財の家屋修復用に手縫い畳床を制作する金沢職人大学校の「手縫い畳床研究会」メンバー（2005年2月）

担したらだめだな、各業界に少し金を出してほしい、と思ったわけ。小さい金でいいから出してほしいと頼んだら、みんな「分かった」といって社団法人でスタートをしたのがこの学校なのです。

僕は20年、金沢市長をさせてもらって、これはその中でよかった仕事の筆頭です。なぜよかったかといったら、勉強する職人たちは一生懸命なのですよ。昼働いて夜くるのですから、いいかげんな気持ちじゃあだめなのです。みんな一生懸命やるから、僕に対する言い分もたくさんあるんですよ。

「市長のいうとおり一生懸命勉強しとるよ。仕事をほしい」と、こうくる。ちょうど石川県知事がお城の中で門をつくったり、やぐらを建てたりしておられます。それで県に頼んで仕事をやらせてもらったわけです。大変喜びまして、いい仕事の経験をして、どんどん技術の力を上げていきました。

そしたら次に僕はこんなことをいいました。「どうだ、謡《うたい》はやれるか。昔の職人は謡のひとつぐらいは知っておったよ。都々逸《どどいつ》のひとつぐらいは謡えた。あなたたちもやれよ」と。「いやあ、忙しくて、そんなことはできないわ」という返事がくるんですが、僕は職人がかわいくてしようがない。「そんなにお金がほしいかい。職人というものは、お金がないものだ」というと、「いや、ひどいことをいう」と返ってくる。こういうやり取りがなんとも嬉しく面白いのです。

知事がたまたまお城の復元をしておられたから、そこで仕事をすることができたわけですけど、お城の仕事がなくなったらどうするかというのは、次のテーマです。金沢市内だったら町家の再生の仕事をやることがまずひとつ。もうひとつは、技術を上げたら、その技術を県外にいって売ることだなと思っています。県外といってもそれぞれ縄張りがありまして、そう簡単ではありませんけれど、やはり県外へ出るということも考えていかないと。

和歌山県で重要文化財の修復の仕事がありまして、その中で江戸時代の畳をつくる仕事が出てきた。なんとか応援してほしいと注文が和歌山県から金沢の職人大学校にきました。他県からのこういうことが広がっていくとありがたいと思っているのであります。

●金沢のものづくり産業

金沢の産業の今日までの経緯を簡単に申し上げておきます。

金沢市内にある津田駒工業という会社は織機をつくってきて、いまも苦労しながらそうした仕事をしております。１８８０年代は絹織物をつくって、それを輸出した時代でした。津田米次郎《つだよねじろう》*1が鉄製の織機をつくるのは１９００年です。以後１９６０年代まで、金沢は織物の仕事と、その織物をつくるための機械の仕事、この２つが車の両輪で、これでまちが支えられてきました。

石川県は繊維王国といわれたのですが、１９７０年代に繊維不況、ドルショック、オイルショックがあって、繊維産業は大変辛い目に遭うのです。織機をみんな壊したというのは、このときなのです。

そういう厳しい一時期があったわけですが、津田駒工業はウォータージェットルームという超高速の自動織機などをつくって、人員整理をしたりいろんな過程がありましたけれど、よく今日まで堪えてきました。頑張り屋の津田駒工業です。

そういう時期がございましたので、繊維機械の部品をつくっていたメーカーや津田駒の下請けをしていた企業が違う分野へ進出していきます。それが工作機械の分野で、中村留精密工業とか高松機械工業という会社も、もともとは繊維機械の部品メーカーでした。

そのほかに、金沢というまちは食品に関連する機械製造の大変盛んなところでして、澁谷工業は瓶詰め機械、石野製作所は回転寿司のベルトコンベア、高井製作所は豆腐をつくる機械、そういうメーカーがあります。

＊1　明治期金沢の繊維機械開発者（1862–1915年）。日本初の絹力織機「津田式絹布力織機」を開発した。繊維機械メーカーの津田駒工業は、米次郎に弟子入りした甥の津田駒次郎が1909年に操業した会社である。

金沢市にある澁谷工業の本社工場。澁谷工業はボトリングシステム製造の国内トップメーカーで、人工透析装置や細胞培養装置などの再生医療機器分野でも実績を伸ばしつつある。

ホクショーというのは特殊搬送システム機械をつくっているメーカーですし、コンピューターの周辺機器のアイ・オー・データ機器もあります。こういう特種な仕事を盛んにやってきた。

よその人が手を付けないような分野で仕事をする、こういう企業をニッチ企業といいます。「ニッチ」という言葉はくぼみとか隙間という意味ですから、隙間を埋める、人様のしないことをやる、そういう企業がまちをずっと支えてきたわけです。

●茶屋文化を守る

次に「茶屋文化」の話をします。市長というのは、地域の文化を大事にしないといけない。茶屋で僕のできる仕事は何かと。

茶屋街に「検番《けんばん》」(「見番」ともいう)というところがある。芸を練習する場所です。組合の事務所、料亭の事務所にも使ったりしています。ここをきれいに修繕したら芸妓《げいこ》らは喜んで練習できるし、そこへ今度は見る人を呼べると、そういうことを思いました。

金沢に廓《くるわ》は3つあるわけですね。ひがし・主計町《かずえまち》・にしと、この3か所のそれ

第12回金沢おどりで勢ぞろいした三茶屋街の芸妓衆による素囃子（2015年9月）

ぞれに検番あるいは料亭事務所という建物がありますので、そこをみんなきれいに直したのです。大変喜んでくれました。

素囃子《すばやし》という芸があります。「素」という字は混ざりものがないという意味です。何が混ざっていないかというと、お囃子だけであって、立ち方という踊り手がいない。つまり踊りがなく、三味線・鼓・太鼓・笛と唄の芸です。これをよそからのお客さんに見せると、それはもうみんなびっくりしますので、大事にしないといけない。こういう芸を実際に演じて、そして守っているのは芸妓衆《げいこしゅう》なのです。

茶屋文化は金沢の文化の大事な部分だということを申し上げておきたい。文久３（１８６３）年といったらいまから約１５０年前であります。ひがしとにしの茶屋街が同じときにできていまして、主計町は明治の初めにできています。

重伝建地区（重要伝統的建造物群保存地区）という、文化財保護法によって面的に建造物を保存をする制度があります。東山ひがし地区と主計町地区が国の選定を受けましたが、にし茶屋街はそれができていません。というのは、にし茶屋街は１９７０年代だと思いますが、廃業して茶屋の数が半分になったのです。ですから、家並みとしてのつながりがありませんので重伝建地区の選定は無理なのです。

●食文化の役割

金沢の食には2つありまして、お菓子と料理です。菓子は主菓子《おもがし》と干菓子《ひがし》があります。料理には懐石《かいせき》と点心《てんしん》があります。これはみんなお茶にかかわります。主菓子、干菓子、これはお茶のお菓子でございますし、懐石料理とか点心料理というのは、これはお茶の料理であるわけです。お菓子とか料理の源流をたどっていくとお茶に到達します。

このお菓子と料理、これはなんといっても日本の中の金沢でございます。京都とか松江もありますけれど、金沢はこれは絶対に継承し発展させていかなければなりません。

新幹線でこられたお客を泊めるときは、やはり食文化を大事にしないといけない。「金沢へいったら食べ物がうまいね」「泊まってこよう」となるのがポイントです。

大衆の食文化もなければいけない。例えば、おでんであっても、金沢らしいおでんでなきゃだめだと思っているのです。本来そこでしかないおでんであるべきだと。やはり金沢は食文化のすべてについて、どうあるべきかその本質を求めていかないとならないまちだと思っているのであります。

●後継問題に責任を持つ

とはいえ、こういったことの後継者育成は大変難しい。よく簡単に「伝統文化については後継者が大事だ」と。これは誰でもいうのですが、それじゃあ具体的にどうすればいいのかといったら誰も答えられる人がいない。

難しいけれどなんとかしなければならない。芸能であれ、工芸であれ、食であれ跡継ぎをどうやってつくっていくか。このことに行政も経済界も一生懸命取り組まないといけない。

金沢市はユネスコからクラフトの分野で創造都市に認定されました（2009〈平成21〉年）。問題は創造都市になったあとにどうするかです。工芸、クラフトの仕事ではみんな苦労しています。加賀友禅は着物が売れない。金箔を使う仏壇が売れない。こうした課題が工芸、クラフトの分野にたくさんあるわけです。

フランソワーズ・モレシャンさん[*2]が卯辰山に住んでおられます。僕はモレシャンさんにこういいました。「友禅の着物はなかなか売れないので、ほかにタペストリーにしたらいいか、カーテンがいいかね」。そしたらモレシャンさんは「カー

＊2　エッセイスト、ライフスタイルプロデューサー、タレント。2006年以来、金沢に居を構え、東京と金沢、パリを往復する生活を送る。2007年より金沢21世紀美術館国際アドバイザーを務める。

テンですよ」とおっしゃるのです。

しかし、カーテンにすると日焼け止めの対策をどうするかという問題が出てきます。価格の問題もあります。こういう問題と向き合って、一つひとつ解決していかなければいけません。解決することが次の段階に進む契機になります。

一般論で後継者の育成が大事だといっても意味がありません。抽象論だけではだめで、個々の具体的な問題をどう処理していくか。言う以上は責任が要る。

例えば加賀友禅にはたくさんの工程があって、工程ごとに職人がいます。この工程をまとめることができたら後継者不足の対策になりますが、大変難しい。技能をどうやって習得させるかということを応援しながら、生業《なりわい》として成り立つように応援もしていかねばならない。販路開拓もしないとだめ。

行政も経済界も、執念を持って取り組まないといけないと思うのです。難しくても、どう切り抜けるか。そんなことを執念深くやる人材が必要だと思っています。

2 新しい文化が金沢にもたらしたもの

●新しい文化の創造

山出 いままでは伝統文化の話でありましたけれども、私は伝統だけでは金沢というまちはだめなので、そこに新しいものを加えていかなければいけないという思いがあります。

「オーケストラ・アンサンブル金沢」ができた。これは大変よかった。これがあったから、僕は「ラ・フォル・ジュルネ」[*3]が金沢にきたんだと思っています。

それから、金沢市民芸術村[*4]というものをつくった。ここでジャズとロックと太鼓の練習ができるということですから、いままでなかったジャンルが金沢に根付いていく。最近金沢ではアカペラのイベントをやっていますけれど、これも発祥は市民芸術村からと申し上げてよいと思っております。そして金沢21世紀美術館はコンテンポラリーアートです。

先ほど申し上げた伝統文化と、こうした新しい文化とを、どうやって共演、あるいは、競演をさせていくか。これがひとつ、これからのテーマになると思って

＊3　1995年にフランスのナント市で創設された年に１度のクラシック音楽の祭典。2008年に世界で６番目の開催都市として金沢が選ばれた。期間中、一流の演奏家を迎え、市内各所で低料金のコンサートが一斉に開催される。

＊4　市民の芸術活動を支援することを目的とする金沢市の総合文化施設。かつての紡績工場の倉庫群を改修して1996年にオープンした。舞台、音楽、美術等、市民の芸術活動のために1日24時間、1年365日開放されている。

います。分かりやすくいえば、ジャズの中へ芸妓さんの三味線とか太鼓が入らないかとか。そういうこともやっていかないといけない。

新しいものを入れるときの「入れ方」は難しいので、金沢というまちであれば、変わったものを入れてもクオリティの高いものをそこへ加えていかなかったら、金沢の金沢たるゆえんはないというのが僕の考え方です。

「金沢ナイトミュージアム」[*5]というイベントをやっています。金沢ほど文化施設のたくさんあるところはないと思っているのです。古い施設があったりして、新規に建物を建てなくても、いい建物がたくさんありますから、そういうものを使って利用数を増やしています。ジャンルがたくさんありますし、いろんな選択ができるわけですので、そうすると、一回いったけど、またいこうと。リピーターを増やすときは、やはり施設の数はある程度ないといけないというのが僕の考え方でした。市の施設だけではなしに県の施設とも提携をするということも大事です。

オーケストラ・アンサンブル金沢をつくった岩城宏之さん[*6]が僕の部屋へこられたことがありまして、県立音楽堂は確かに立派にできた、しかし、ここではオペラはできないので、オペラは金沢市観光会館でやりたいということを、僕にいわ

＊5　市内の博物館や美術館等の文化施設の開館時間を延長し、様々なワークショップや音楽会などを行うイベント。新幹線開業後の夜の文化観光をテーマに、2013年より夏から秋の週末に開催している。

＊6　NHK交響楽団正指揮者、名古屋フィルハーモニー交響楽団音楽総監督、メルボルン交響楽団首席指揮者などを歴任し、国内外にわたって活躍した（1932–2006年）。金沢とは戦時中に疎開した縁があり、1988年にオーケストラ・アンサンブル金沢の設立に尽力し、初代音楽監督に就任した。

れました。そのとおりだと僕は思いまして、観光会館を改装して、そして名称を「金沢歌劇座」に改めたわけです。

新幹線が開業すれば、遠くからオペラを見にくる人はいるはずですので、これからオペラの公演をしなきゃと思います。フランスでは日本の歌舞伎とか浄瑠璃とかをみんな理解するわけです。ああいう情景を見ると、日本人もオペラを鑑賞して、教養を高めるということでなければいけないと思っています。

●革新の美術館

次に金沢21世紀美術館ができるまでのいきさつをお話しましょう。

テーマは「革新」の2文字でした。哲学者の三木清*7の言葉です。「伝統を作り得るものは、また伝統を毀《こわ》し得るものでなければならない」。新たなことをしないと、まちづくりや文化は進歩しないと思っていまして、これは僕の信念なのです。

金沢城の中にあった金沢大学は郊外へ移り、跡地は県が取得し整備することになりましたが、金沢大学附属の小中学校は城下の街なかにありまして、この移転後の跡地は金沢市が買いました。そこに現代美術館をつくったのです。

この金沢21世紀美術館はできてから10年たち、とてもにぎわっていますが、僕

＊7　兵庫県出身の哲学者（1897–1945年）。京都帝国大学（現京都大学）在籍時、石川県出身の西田幾多郎に師事した。代表作『パスカルに於ける人間の研究』『人生論ノート』など。

市民をはじめ修学旅行の生徒や外国人観光客が数多く訪れる金沢21世紀美術館。

にとっては、つらい、つらい仕事のひとつでした。

金沢は、どちらかといえば古い雰囲気のまちです。そこに新しいものをつくっても市民にうけるのかと、多くの方が心配しました。美術館建設に反対する声は肌身に凍《し》みてわかりました。タクシーに乗るたびに、運転手さんに「評判はどうかね」と聞いても、「市長、よくないよ」といわれました。

僕は石川県立美術館と同じ美術館をつくるのでは意味がないという論理で一貫していました。斯界《しかい》の権威および識者による美術館等構想懇話会が設けられ、ここでの提言をもとに美術館等基本構想がまとめられたのが、１９９７（平成9）年でした。

その構想で出てきたのが「都市型文化交流施設」という表現でした。その中身は「美術館と複合施設」です。そういう言葉が出てきた背景には、いろんな意見があったのです。

金沢21世紀美術館の立地がまちの真ん中ですから、香林坊や片町が元気になる施設であってほしいという意見が地元から強く出るわけです。他にも市民ギャラリーをつくったらとか、映写会ができるように階段状の部屋がほしいとか、ダンスができたらいいなどの要望がくるわけです。美術館の構想では、そういうことも含んで「都市型文化交流施設」「美術館と複合施設」という表現になったと理解してください。

●庶民派の美術館

国や県と違って、市や町や村は住民に密着した公共団体です。ですから国や県の美術館と市の美術館は違ってもよい。市の美術館は、わかりやすくいったら近江町《おうみちょう》市場で買い物をしたおかみさんが、買い物袋をぶらさげて美術館にきて美術作品をみて帰っていく、そういう風景もあってもよいのではないかというのが僕の考え方でした。伝統主体の石川県立美術館に対して、金沢市は市町村なんだから県と違って、庶民派の美術館をつくるのだと決めていました。

そうした構想の下で設計に取り掛かることになり、設計者審査委員会をつくりました。建築界や美術界の大御所に設計の審査をお願いしました。コンペによって設計は妹島和世《せじまかずよ》さんと西沢立衛《にしざわりゅうえ》さん*8のSANAA《サナア》に決まったのです。

コンペに参加した地元の建築家が「いやあ、SANAAにはかなわなかった。遠く及ばなかった」といわれたのを忘れることができません。それほど革命的な建築だったと思っています。

＊8　妹島和世と西沢立衛は、2人でSANAA（サナア）という建築家ユニットを組んでいる。代表作として、金沢21世紀美術館（日本）、ルーヴル・ランス（フランス）など。

＊9　Pritzker Architecture Prize。アメリカのハイアット財団から建築家に対して授与される賞。国籍・人種・思想・信条を問わず、「建築を通じて人類や環境に一貫した意義深い貢献をしてきた」存命の建築家を対象とする。

僕も美術館をいくつか見てきましたが、重厚な建物が多いと思います。高い場所に大理石でつくられたような建物の中で、訪れた人は息を殺して鑑賞しているのです。

金沢21世紀美術館は、そういう重厚な美術館とは違います。柱は細いし、壁は薄い。丸い形の平屋で、どこからでも入れる構造です。これが建築家にとってのノーベル賞だといわれるプリツカー賞[＊9]が妹島・西沢の両氏に贈られた背景だろうと思っています。本当に異端の建築だったと思います。

●名称は「現代」でなく「21世紀」に

なぜ「金沢21世紀美術館」という名称にしたかについても触れておきましょう。「現代美術館」に対しては強い拒否反応がありました。そうしたこともあって「21世紀」という名になっていることを申し上げておきます。

作品の収集対象については「国内外の近現代」の作品となっています。これについても「現代だけにすべき」とか、「いや、近代を入れたほうがいい」など、様々な考え方があったのです。

現代美術館をつくりたいという思いの一方で、地元のみなさんのなかには現代美術に対する拒否反応がありました。金沢21世紀美術館は、そうした双方の考えも包み込んでスタートしたのです。

僕は、美術館で一番大事な存在はキュレーター[*10]だと思っています。仕事をするのはキュレーターでして、大きな期待を寄せたいのであります。

金沢には石川県の美術館があります。卯辰山工芸工房[*11]もありますし、大学がありますから、それらとの連携を考えたい。そして視座はやはり世界だと思っています。

そういう意味で金沢21世紀美術館の秋元館長には思い切ってやってほしい、この一言であります。いまのところ、たくさんの来館者がありますからいいものの、革新的な企画がもっとあってもいい。思い切ったことをやると、必ず反対意見が出てくるものです。だからといって、小さく縮こまってしまったら面白くない。僕はそう思っています。

*10　美術館や博物館において、作品収集や展覧会企画という中枢的な仕事に従事する専門職員。英:curator。

*11　工芸の継承発展と文化振興を目的に、1989年に設立された文化施設。陶芸、漆芸、染、金工、ガラス、それぞれの工房で3年間の研修を行い、後継者を養成する。修了生には修了後の事業支援も行っている。

3　文化を引き継ぐために大事なこと【トークセッション1】

●伝承ではなく伝統

高山■それでは、これからトークセッションに入っていきます。まず質問があればどうぞ。

竹橋■僕は金沢市で育ちました。僕が中学生のときに能を学年全体で見にいくという行事があったり、あとは小学生のときに実際に能を演じるという行事があったり、そういうものを当時はあまりいろいろなことを考えずにただ受けていましたが、いま思えばそういうことができるのが金沢のいいところなのかと思います。小学生とか中学生の時期にそういった文化に触れるということについてどういうことを期待しているのか、お聞きしたいです。

山出■何事も過程を大事にしないといけない。いいものを見るということの大切さをね、絶えず磨いていかないといけない。金沢はそんなまちだと思います。

お菓子や料理にしたって、たとえおでんひとつにしたって、その土地のものでありたいとか、もともとどうだったのかを考えた上でのお菓子、料理だったり、おでんであったりとか、そういう本質とか根本を問うていく過程を僕は大事にしたいと思います。そういうことを小さいときからできるように仕向けていくと大変いいと思います。

後継者についても、大人に学校をつくって技を教えるとか、奨励金を出すとか、そんなこともさることながら、小さいときに教えるということが大切。楽器、三味線を持ってもらうとか、あるいは口ずさんでもらうとか、そういうことを小さいときから教えることの大切さを思いますね。

自分が住んでいるまちを知らない人もおられます。質の高いものがありますので、そういうものを小さい子に染み込ませていくことが大事だろうと思いますね。

仁志出■「金沢学生のまち市民交流館[*12]」でコーディネーターをさせていただいている仁志出です。『金沢の気骨』にある「伝統に創造の営み」という言葉がすごく好きでして、まさに金沢のいいところを捉《とら》えているなと思いました。

そこでひとつ質問です。金沢には大学がたくさんあります。大学に入ったときというのはこれまでと違い、主体的に何かに関わったり選択するような機会が急に増える時期だと思うのです。あとには就職も控えていて、自分が住むまちを決める時期でもあります。その大学生という期間に、この「伝統に創造をもたらす」

*12　2012年にオープンした街なか交流拠点施設。大正期に建築された町家を改修して整備された。学生と市民との交流や自主的なまちづくり活動の支援を目的にしている。

という部分に何か関わることができないかなと。

　学生にも伝統に興味を持っている人は多くいます。職人大学校の場合でしたら、受け継ぐという非常に重たい覚悟が必要ですけれども、そういったど真ん中のところではない部分で、何か学生が主体的に関わるような取り組みとして、今後こういうふうにしたらいいんじゃないかというアイディアがありましたらお聞きしたいと思います。


山出■「伝統に創造の営み」という、こういう言葉を使ってみたわけです。詭弁《きべん》になるかもしれんし、生意気に聞こえるかもしれないけれど、ある意味、僕は現にあるものをそのまま繰り返していくのはいけないという気持ちもあるのです。「伝統」というものは、「伝承」とは違うよといいたい。

「伝統」も始まったときは前衛だったのです。これをずっと引き継いでくるわけですけれど、これに絶えず新しいものを入れないと、それは伝統ではない。古いままのものを使うのは、僕は「伝承」といいたいね。古いものを伝えて単に承るだけ、そんなことだったらだめだと僕は思っています。

「伝承」だと、人のやったことをそのまま写していく、言い換えれば、「踏襲」です。我々は伝承であってはいけないし、もちろん踏襲であってもいけないので、新しい価値をつくっていかなければ。そのときは異質なものも受け入れる。金沢というまちはもともと新しいものを受け入れてきた、そういうまちだと僕は思っているのです。

先ほど例を挙げたように、ジャズの中に三味線を入れられないかなとか、そういうことは学生さんのできる領域だと思いますけどね。そのようなことを、例えば音楽のことであってもやろうとしたらできるので。

そのときは、好奇心。何でも関心を持って挑んでいこうということが大事だとつくづく思いますね。これを欠いたら人間進歩しないですね。変わったことをやったらいい。

仁志出■全くその分野に精通していない学生でもどんどん一緒にコラボレーションをしていったほうがいいと。

山出■そういうことですね。ただ、僕はそうはいいながら、傲慢《ごうまん》、高慢な態度でやるのは、嫌いだな。そういう考え方というのは謙虚さに欠ける。

やはりその過程で幅広くいろいろな人の意見を聴いて、自分自身が悩まないといけないと思うね。言えば人はついてくるもんだという、そういう考え方で変わったことをしたいというのはいかがなものかね。

新しいことをしようとすれば、その新しいことの中身だね。これは本当に大事だなと思っています。こういう問題をクリアしていくときにはどうすればいいのかなと。僕はかかわる人のいろいろな意見を幅広く吸収することだと思います。そうだとしたら僕は金沢ほど恵まれたまちはないと思う。これだけ大学があるんだから。絶対こんないいまちはないと。

●21世紀美術館ができて金沢は変わった

横山■金沢21世紀美術館ができたときに当時の蓑豊《みのゆたか》*13館長が小学生を美術館に呼ぶ活動を始めました。やがて10年たって、当時10歳ぐらいの子がもう20歳前後になってきました。この10年間で、思春期を迎える多感的な子どもたちが金沢で過ごしてきて、金沢21世紀美術館があったことによって、どのようにまちが変わってきたのか。目に見えた事例とか、何か実感していらっしゃる部分があれば教えてください。

山出■これはまず館長さんからみてどうですか。

秋元■「ミュージアム・クルーズ」*14という鑑賞教育に参加した小学生が10年近くたって大学生になり、今度は受け入れ側のボランティア・スタッフとして関わる

*13　2003年から2007年まで金沢21世紀美術館の初代館長を務めた。

*14　金沢21世紀美術館では、金沢市内の小学校と特別支援学校で学ぶ小学4年生を対象に、子供たちの「感じる心」を育てる作品鑑賞プログラムを2006年から継続的に実施している。

ようになっています。以前、北國新聞にアメリカの大学で建築を学んだ金沢出身の学生が掲載されていました。子どものときに金沢21世紀美術館でタレルの作品[*15]に触発されてアメリカに渡り建築を学び、学生が参加する有名な建築コンペで好成績を収め話題になりました。このふたつの出来事は社会教育施設としての美術館の重要性をあらためて認識させてくれるだけでなく、継続することの大切さを教えてくれます。

美術館の効果が本当に出てくるのは、これからだろうと思います。金沢21世紀美術館を訪れた子どもたちが成長し、文化に対する理解力や感性を持つ大人になったときに、金沢の空気は、がらっと変わると思います。

美術館にきた中学生や高校生を見ていると、ミュージアム・クルーズを経験した生徒と、そうでない生徒では作品に対する反応が違います。クルーズに参加した子どもは人が創ったものに対する配慮の気持ちがあります。一見ごみのように見える作品であっても、作者がいて、考えが込められているというふうに見ようとします。内面の奥行きがある。子どものときに文化に触れることは心の発育の面からも大切だと思います。

実は金沢21世紀美術館では、美術作品と向き合う鑑賞のスタイルを子どもたち

*15　アメリカのアーティスト、ジェームズ・タレルの金沢21世紀美術館所蔵作品「ブルー・プラネット・スカイ」。タレルは、光を素材として用い、光を体験する様々な空間を提示することにより、知覚の本質を問いかける作品を一貫して制作している。

がつくっているところがあって、大人たちが子どもたちの態度を真似て、自由な気持ちで作品を鑑賞しているという面もあります。

大樋　金沢21世紀美術館はいまでこそ「金沢の奇跡」といわれ、市民が誇りとする美術館になりました。しかしオープン当初は、開設に関わった人々の中でも、違和感や距離を感じた人達もいたようです。もちろん現代アートに深い理解を持ち合わせて、当初からぶれない人々も一部にいたでしょう。しかし、当時の山出市長に敬愛をもって、新しい美術館に期待した人達は、裏切られたと感じた人々もいたようです。しかし、次々に面白い企画展などが繰り返され、市民にも開放された美術館として受け入れられていったことで、いまでは多くの市民に賛成されているという気がします。新しい美術館をどのように設計して、誰を館長に任命して、どのように運営していくのか。我々には知り得ない、市長としてのご苦労があったと思います。そのあたりのお話を聞かせていただけないでしょうか。

山出　僕も現代美術でまちが変わってきたと思っています。自由な雰囲気が出てきたように、僕は感じる。それがあの美術館の大きい影響だったと。

やはり建てるときは自分がこう使いたい、便利であってほしいとか、片町、香林坊の商店街に人がくるようなものであってほしいとか、意見が出ます。しかし、僕は「筋」というものを大事にしたい。ものをつくるときにはそれなりにちゃんとした論理、理屈、ストーリーがないといけない。

金沢というまちは、僕はハイグレード、ブランドイメージ、そういうものを追い求めるまちだという認識を持っています。質の高いものを求めていくまちとして、どうあるべきかと考えています。

大衆に迎合していいことにはなりません。そうかといって自分の趣味であったり、好みであったり、そういった考え方を押し通してはいけません。それは高慢。為政者は一歩下がっていないといけない。

そして多くの人の意見を聴きながら、それを自分なりに咀嚼《そしゃく》をして、こうかな、という論理をつくっていかないといけないと、僕はそう思ってきました。

浦■金沢21世紀美術館が建設されるときに私は金沢青年会議所におりまして、会員のほとんどが否定的な意見を持っていたと記憶しています。私自身は設計者としてコンペティションに参加するために要項を取り寄せました。美術館の運営方針や概要がたくさん書かれていて、よく議論された形跡がありました。結局コンペには参加しなかったのですが、これなら金沢21世紀美術館は成功する確率が高いなと感じたのを記憶しています。

金沢21世紀美術館はいろいろな事が重なって奇跡的にいまのようになったけど、山出さんの話を聴いて感じたのは、平素から奇跡が起きるための基礎を市政にしっかりとつくっていたということです。

佐無田■金沢は伝統を大事にしますが、それがときによっては制約要因にもなることがあります。自己制約というか、少し縛りがかかってくる。そのことがいい面を持つときもあれば、新しいものにチャレンジすることを抑え込んでしまうところもあるかもしれない。

それが、金沢21世紀美術館ができたことによって、もう1回、まちの伝統文化を大事にしながら、そこから新しいもの、グローバルに通用するものを創り出していこうという大きな転機があったのかなと思います。新しい文化を創造するために、新しい容れ物が必要だった。それは、ちょうど土地利用の再編期であり、まだ財政も投資力があった時期で、タイミング的なこともあったかと思います。

そうすると、その次には、新しい都市の容れ物を受けとめて、その中身となる経済と文化をつくっていかないといけない。これは、やはり草の根の市民の営みによってでないと、中身となる経済や文化はつくられていきません。

都市の容器を利用しながら新しい文化経済をつくっていくためには、社会的な仕組み・装置・組織・制度のようなものが必要で、この「仕組み」を工夫する主体が非常に重要です。景観保全みたいな課題では、やはり行政が重要な役割を果たすでしょうが、これからはもっと新しいタイプの事業の形が工夫される必要があって、NPO組織みたいなところがパートナーシップを組んで、社会的な事業の形を育てていく部分もあると思います。

行政、民間、NPOといったところが連携し、都市全体で柔軟な社会実験ができるような仕組み。そういうまちの在り方を議論し、チャレンジするようなことを、これからできたらいいなと思っています。

●公共文化施設のモデルをつくる

角谷■美術館、博物館について、デザインの立場だけではなく、施設の運営も勉強してきたつもりですが、よくいわれるのは、美術館や博物館をつくるときは、そこを運営するキュレーターを先に選びなさいということです。しかし、その教えを実現できたところは、ほとんどないでしょう。

金沢21世紀美術館はそれができたわけです。開館の5年以上前から長谷川祐子*16さんとか、その他のキュレーターが入ってきて、汗水を流して金沢になじもうと

*16　1999年から2005年までキュレーターとして金沢21世紀美術館の創立に携わった。2006年より、東京都現代美術館チーフキュレーター、多摩美術大学教授を務める。

したおかげで、設計のコンペもうまくいき、ＳＡＮＡＡの建物が選ばれたと思っています。

常識とされながら、できなかったことが金沢で実現されたのは革新的なことと思うのですが、なぜうまくいったのでしょうか。

山出■オーケストラ・アンサンブル金沢をみても、県立音楽堂がないときに活動を始めています。まず人、そして建物はあとに、というのが論理だと思う。一般の考え方は、まず建物ありきですね。そこが間違っているというのは、仰せのとおりです。

金沢21世紀美術館についていえば、公共の文化施設のあり方において、金沢市というまちがひとつのモデルをつくったと見ていいのでないか。そういうふうに思います。

世間一般には、美術館の館長は館長室にこもって美術評論を書いている人というイメージもあるでしょう。僕は、必ずしもそれがいいとは思いません。館長には美術館の経営をいつも視野に入れてほしい。お客を呼ぶために、美術館を外に売り出していくようなエネルギッシュな行動派。金沢市がつくる美術館には、そういう館長がふさわしいと思っていました。

初代館長の蓑豊氏については、大阪の天王寺にある大阪市立美術館でフェルメール展を開いて、60万人を集めたことを知っていました。そんな人が館長であれば面白い。一度会ってみよう。こう思って蓑さんに会ったのは事実です。

美術館を建てているときに金沢市長が大阪へ出張すると、何のためにいったのかと、鵜《う》の目鷹《たか》の目で見られます。知られたらまずいと思って、どうしたかというと、いったん東京へ出て、それから新幹線で大阪へ向かいました。

当時の大阪市長は知った人でしたので、了解をいただいた上で本人に会いました。蓑さんは、なかなか「うん」といいません。それでも二度、三度といくうちに、「分かった」という返事をもらったのです。そのときに、大変うれしかったのは蓑さんが「私は金沢の日赤病院で産まれた」といわれたことです。

現代美術館ですから、世間では、どんな人が館長になるのか関心を呼んでいました。蓑さんは「金沢の日赤で産まれた」ということでしたから、金沢とゆかりがある。それなら、「金沢ゆかりの館長」です。僕は心の中で万歳を叫びました。

蓑さんには館長として活躍してもらいましたが、アメリカに帰りたいということでありましたので、僕は「帰るのはいいけれど、あなたが後任に推薦する人を提示してほしい」と求めました。そこで推された人が現館長の秋元さんだったわけです。秋元さんは福武總一郎[*17]氏の下で仕事をしていました。僕は福武さんを知っておったので「よかったな」と思いました。

秋元さんは地元の美術工芸界とも幅広く折衝できますし、独特のキャラクターで人に好かれて、美術評論も独特なものをお持ちです。金沢21世紀美術館は世界を見て頑張ってほしいと思っています。

*17　ベネッセホールディングス最高顧問。2004年に直島福武美術館財団（現公益財団法人福武財団）を設立し、香川県直島を中心に「ベネッセアートサイト直島」の活動を行っている。

4　金沢から新しい文化を発信する【トークセッション2】

●伝統文化の国際化

秋元■山出さんの『金沢の気骨』の第1章は「歴史都市に現代をつくる」ですが、私はそれを金沢21世紀美術館の具体的な活動の延長上で考えています。

美術館のミッションのひとつに「金沢の伝統文化を未来につなげ、世界に開く」というものがあります。ここでいう伝統文化にはもちろん工芸が含まれています。工芸は金沢の伝統文化を代表するものです。これをどのように現代化するか、あるいはより発展させていくか。金沢という文化都市があって、その中の重要な要素として芸術、工芸がある。その現代化を通じて国際的に通用する文化都市を創りだそうということです。

旧城下町エリアに、城、兼六園、用水、町並み保存地区など、面的に広がる金沢の歴史文化遺産群があり、そこに30を超える博物館、美術館が点在する。また美術工芸大学や芸術の専門機関があり、さらに工芸作家が暮らし、工芸品を扱うギャラリーや専門店がある。これらが集積する旧城下町はわずか4キロ四方です。

その中に文化施設、教育機関、作家のスタジオ、ギャラリーや販売店がひしめいている。

さらに周辺に話を展開すれば、地域文化が色濃く残る工芸の生産地が存在する。輪島、能美、小松、加賀、隣の県の高岡、富山を含めると工芸の集積度は日本屈指でしょう。文化の発信力の高い金沢、文化の生産力の高い周辺のまちが工芸をキーワードにしてネットワークしたらすごいことができるのではないか。

ポイントは、行政区分を越えて互いが協調できるか。「伝統」と「現代」、また「製品」と「芸術」といった工芸の論争を越えて協調することができるか。さらに国内マーケットの縮小や小売店の減少や流通の問題などに、みんなで取り組んでいけるかどうかです。こういった課題を乗り越えて「大きな工芸」に向かっていくことができれば大変な動きが生まれるでしょう。

工芸は、もちろん工芸という単体のジャンルも健在でありつつ、デザインと現代美術のジャンルの中に幅広く浸透し展開すると予想しています。必要なのは大きなビジョンです。もしそれをうまく組み立てていければ、北陸が育んできた工芸的な蓄積を土台にした新しい文化資源を生み出すことができます。伝統の京都とも、現代の東京とも違う、伝統と現代の融合した工芸の広域的な発信と生産の地帯が生まれるのではないかと思うのです。

そしてそれを届ける先は、地域や国を越えた世界というものです。そこへ向かって「大きな工芸」、そしてその舞台となる「文化創造都市・金沢」をつくっていくのです。金沢という都市を舞台として周辺ともネットワークしていく、この大きな構えがつくれるかどうかが後の展開に影響していきます。狭い金沢という枠の中だけでものごとを考える必要はない。外に向かって影響力を持つ文化圏を形成することができるか。あるいは様々に多様な価値が流入し、それらと交流しても揺るがない文化地盤をつくれるかです。

安江■工芸は非常に広範なのですが、例えば地場産業へのスピンオフや、学術、サービス業の中での工芸やデザインなど何らかの作用が生まれるきっかけや、場づくり、環境づくり、あるいはディレクションなどに分野を広げていく場合、どういう展開が考えられるのでしょうか。特に場づくりやディレクションという点で、何かお知恵やお考えはありますか。

秋元■工芸に関わる施設や機関や場はたくさんあります。問屋のような商売のところもあれば大学のような学術機関もあるし、研修所や組合、協会のようなところもあります。目的にあわせて組織がある。それはそれでいいのですが、それぞ

*18　金沢市で2006年から毎年10月に開催されている「工芸」と「ファッション」のイベント。工芸や繊維産業の集積を背景とする「ファッション産業都市宣言」（2004年）に基づき、「和の知恵が最先端」を基本理念に、ファッションショーや工芸作家の展覧会、クラフトマルシェなどを行っている。

*19　金沢市で3年に一度開かれる工芸をテーマとする国際美術展覧会。1995年の「世界工芸都市宣言」以降、「世界工芸都市会議・金沢」および「世界工芸コンペティション・金沢」を開催していたが、2010年から両者が統合された。（伊 :triennale）

れの利害を超えてどうやって課題を共有し、それに向かって総力をあげるような体制をとることができるかがこれからの課題ですよね。

私もどうすればいいか、まだよく分かっていません。「おしゃれメッセ[*18]」のような見本市によって新しい動きをつくるとか、あるいは私が関わる「金沢・世界工芸トリエンナーレ[*19]」や「かなざわ燈涼会《とうりょうえ》[*20]」などの展覧会やイベントによって新しい流れをつくるとか、いろいろ工夫するしかないと思います。

●都市の国際化戦略

高山■国際化の話がありましたが、山出さんも『金沢の気骨』の中で「視座を世界に」ということを強調されていますよね。

山出■僕は、都市の国際化戦略を考えたときに、やはり大学が国際化戦略のひとつの中心でなければいけないと思っています。美術館も博物館もそうでなければいけないし、そして文化団体も広い意味で、この戦略の中に加わることが必要になっていくんではなかろうかなと思っているのです。

例えば、国連大学のブランチ（いしかわ・かなざわオペレーティング・ユニット）が金沢にある。これは大きな意味を持つことです。しいのき迎賓館[*21]の3階にブラ

*20　金沢青年会議所主催で毎年金沢市の浅野川エリアで行われている工芸・町並み・芸能・食・文化などの体験イベント。町家や茶屋での工芸作品の展示や伝統芸能のコンサートなどが期間中開催される。

*21　石川県金沢市広坂の旧石川県庁舎跡地に2010年に開館した多目的施設。1924（大正13）年につくられた旧石川県庁舎の建物を活用してリニューアルされた。名称は、正面玄関前にある樹齢300年の一対の「堂形のシイノキ」（国指定天然記念物）に由来する。

ンチがあって、数年前まであん・まくどなるどさん[*22]という女性が活躍をしておられました。里山里海の研究をして提案をして、僕は立派な人だなと思っていましたら、今度は上智大学の教壇に移られたそうであります。そういう人がこちらにいてくれるかどうかによって、研究の中身が変わってきます。力の入れ方も変わりますし、僕は、ここはやっぱり「人」だなとつくづくと思っています。

僕は金沢のまちの目標としてわかりやすくいうと、国際学会・国際会議が不断に開かれる、そういうまちが理想的だなと。たくさん大学がありますし、常時、国際学会・国際会議が開かれているといい。そのときにはまちは綺麗でなければいけませんので、これが私が景観行政にこだわる理由なのです。

僕もこういう年齢になりますと、芸術のことは分かりませんし、人にいえることは「君、頑張れ」というしかないわけです。僕はこれでいいと思って、そこら辺は割り切っています。「しっかりやってくれ、頼む」と、この一言でいい。秋元さんは遠慮をする必要はない。世界に向けて仕事をしてほしいと。

金沢美術工芸大学とか金沢21世紀美術館が、せせこましい日本の中だけを視野に置いたらもうだめ。金沢は世界を視野においているのですから、そういう意味で、ただ頑張ってほしいということだけなのであります。

*22　Anne MacDonald。カナダ出身の環境歴史学者。2008年から2012年まで国連大学高等研究所いしかわ・かなざわオペレーティング・ユニット所長を務め、石川県能登の里山里海の世界農業遺産認定などに尽力した。

佐無田■山出さんが金沢の歴史と文化が大事だというときに、ローカルな文化意識ではなくて、常に「世界の中の金沢」を意識されていますよね。世界の中で誇れるような文化都市でなければならないと。それも、産業を国際化するという日本人の一般的な考え方と違って、学術と文化の水準で国際化をいわれているのが、私にとってはたいへん示唆的です。

日本人は、「都市と地方」みたいな言い方で、東京中心に世界を思い描きやすい。地方では特にそうです。国内の周辺的ポジションに自己制約しているわけです。しかし、いまやアジアの時代ですし、地方都市は、東京を経由せずに、独自にアジアの地方の都市とつながったり、わたりあったりするような国際化戦略が必要とされていると思います。秋元館長のお仕事もそういうことかなと。

●アジアと金沢

秋元■韓国や台湾にいくと、東アジアの国々の近代化、ポストモダン化のスピードは凄《すさ》まじく、すでに日本と同じようなところにきているのだと感じています。確かに2000年の頭ぐらいまで、日本が西洋から見たときのアジアの先進国でしたが、いまや中国を筆頭に韓国、台湾も十分に同じような位置にある。

*23　利川は、ソウルから北約60kmに位置する人口約20万人の陶芸のまち。2010年に金沢と同じくクラフト分野でユネスコの創造都市に認定されており、金沢とも若手工芸作家の派遣等交流がある。京畿世界陶磁ビエンナーレは、韓国の陶磁器に光を当てて、世界40か国100点以上の作品を集めて展示するイベントで、2001年から1年おきに開催されている。京畿道の利川・広州・驪州の3地域が陶磁器で有名であるが、特に利川は現代陶磁のメッカと呼ばれている。

まちも欧米化、都市化が進んでいてスクラップ・アンド・ビルドされた近代都市の姿です。車社会で、行き届いた交通網があって、高層ビルが多く、住居も高層化したマンションで、ショッピングセンターがあり、都市型のエンターテイメントがあり、そこで楽しむようになっていて、どこも同じような都市風景になってきた。

韓国の利川《イチョン》*23という場所で「京畿《キョンギ》世界陶磁ビエンナーレ」の審査員として参加したときのことです。アメリカ型の大型のホテルにバスが着き、欧米、アジア、アフリカなど世界中から文化人が訪れ、会場と会場の間をシャトルバスで行き来する。美術館や劇場などが集まった広大な複合文化施設で我々は降ろされ、国際会議や国際展が開かれ、花火の飛び交うオープニングレセプションには豪華な食事が給される。その後また関係者だけのパーティーがあって別の素晴らしい場所にいくと。だいたいこういった感じでイベントが進むのです。

いまの金沢はこういうふうに国際化するのは無理だろうと思った。そういう時期はとうの昔に過ぎていて、大型開発をする体力がない。むしろいまあるものをどう活かしていくかとか、もっと別な日本的なまちをどうやってつくっていくのかと自問自答します。次代に向けて将来像をもう一度再設定していく必要があると思うのです。

具体的には、目に見えない文化的な価値をどうつくり上げるか、車社会みたいなものをいかに抑制していくか、まちの広場みたいな人々が集まる場を単なるエンターテイメントの場ではなく生活の場としてどうつくっていくかといったことだと思います。

しかし中国や韓国、台湾の勢いがすごいので、ああいった成長型の近代都市を日本にも再度つくりだせばよいのではないかという気分が出てくる。特に2020年のオリンピックに向けてまた大型の開発が進む可能性がある。金沢はいかにこれを避けつつ、次のビジョンをつくり上げていくか。金沢は非常にユニークな都市になりつつある数少ないまちだと思うのです。金沢に合った未来形の都市政策を若い世代とともにつくっていくべきだと思います。

5　金沢のものづくり【トークセッション3】

●工芸の精神

高山■さきほど秋元館長からこれからの工芸の可能性について話がありました。山出さんは工芸の価値をどのように評価されていますか。

山出■僕は、金沢ほど多様なものづくりが根付いたまちはないと思っています。そのもとは工芸だと思っています。

大樋焼《おおひやき》*24の大樋長左衛門さん。刀の鍔《つば》から始まった料理屋の「つば甚*25」。直源さ*26んはお醤油《しょうゆ》をつくってきたわけです。手仕事の商売が金沢のまちをつくってきたことは間違いない。僕はそう思っています。

からくりも、金沢のものづくりのもとです。大野弁吉*27は「機巧師《きこうし》」と呼ばれます。いまでいうとロボットをつくる人です。このお弟子が何人かいまして、津田吉之助は尾山神社の神門を設計した大工の棟梁《とうりょう》です。この吉之助の長男の津田米次郎。この人が機織《はたお》りの機械をつくるわけであります。こうした人たちが金沢のいまの産業をつくっている。

---

*24　金沢で350年以上続く楽焼の脇窯。江戸の初期に加賀藩が裏千家四代千宗家を招いた際に、陶工師の長左衛門も共に加賀藩に移り住む。現在、十代大樋長左衛門。

*25　創業宝暦2年（1752年）の金沢の老舗料亭。加賀藩主前田家のお抱え鍔師であった鍔家の三代目甚兵衛が、鍔師の傍ら営んだ小亭・塩梅屋「つば屋」がその始まりと伝わる。

*26　直源醤油(株)。創業文政8年（1825年)。金沢の港町大野は全国の醤油5大産地のひとつであり、直源は大野醤油の代表的ブランドのひとつ。

*27　江戸時代の発明家（1801–1870年）。京都に生まれ、長崎で蘭学を学んだのち、1831年に妻の故郷である加賀国に移住した（現・金沢市大野町）。木彫、ガラス細工、塗り物、蒔絵などのほか、からくり人形の優れた名作を多く残す。

*28　一般財団法人石川県美術文化協会と北國新聞社などが主催して毎年、開かれる総合美術展。1945年、終戦から60日後に北陸の美術工芸文化の再建を目指し第1回展を開催。会派を超えて一流作家らが競い合う公募展で、2015年の第71回展では、6部門に1640点が出品された。

「革新の気風、独立の精神」といいますけれど、これは工芸とか、からくりというものの、もともとは人まねをしないということを指しています。

工芸というのは人まねをしないもの。人のまねをしたら工芸でない。僕は、現代美術展*28はしっかり見てますが、去年と一緒の作品を出していると思う人がいます。しかし、大樋年雄先生は毎年、何か変わったことをなさっています。それが工芸の本質だね。今日の金沢の工芸、そして製造業につながる。

佐無田■金沢の「工芸から製造業へ」という話は人によっていろんな考え方があるのですが、私は単純に技術の流れでつなげるのは難しいと思っていて、金沢ではむしろ精神性でつながっていると理解しています。ものづくりの体系としては異質であるが、工芸づくりをする職人の精神が製造業にも引き継がれてきたと。

当時は、職人一品生産の時代から大量生産の時代に切り替わるので、工芸の技術のままではいかなくて、断絶がある。例えば、津田米次郎さんが自動織機を開発するのに実に20~30年の時間がかかっています。その間、織物業の水登《みずと》勇《ゆう》太《た》郎《ろう》※29さんがずっと津田さんを支援して、お金を出してあちこち全国を回らせるなどしました。この時期は、金沢は12万人弱ぐらいから8万人レベルに人口が減って、3分の2になるという衰退期でした。明治前半30年間というのは、相当に苦労した時代なのだろうと思います。

そのときに、新しい工場制機械工業の技術とか組織とかは、技術的には職人の手作りとはかなり構造が違うものを新しく実現したわけですが、簡単によそからでき上がっているものを持ってこないで、自前でなんとか工夫してつくってやろうという、この職人精神は引き継がれたと思うのです。

それがたぶんいまの時代もあるのではないかと。いまの時代は、大量生産型構造でずっときたのが曲がり角を迎えて、またものづくりの構造が変わりつつある。そこに新しいものづくりの仕方を創り出していくためには、やっぱり相当時間がかかるし苦闘が必要で、そう簡単に答えは出てこない。まるで新しい技術体系になるのかもしれないです。でもそこに、自前で自分の腕でなんとかする職人精神が引き継がれるのは、このまち独特のものがたぶんあるのではないかと、そういう認識でいます。

大樋■精神性という話が出て思うのですが、私の祖父達の世代で工芸に関わった人達は、一人でいろんなことに対応できる柔軟性を秘めながら、多くは分業で働いていたようです。昼も夜も休日も制作していたようですから、いまよりも忍耐というのがあったのかもしれません。

*29　明治期金沢の新興機業家（1852-1917年）。絹織物の羽二重生産を振興し、金沢繊維産業の興隆を牽引した。金沢商業会議所会頭や衆議院議員を務めた。

いまの我々の世代は、何かひとつのことを課題設定されても、そこまで一生懸命やらない人間にみんながそれぞれなってしまっているのではないでしょうか。これは精神性がいまと違うような気がするんですね。だから、それに近いマインドを何かで呼びおこすようなことが、どのジャンルにも必要な気がします。やはり、朝、太陽が昇ってから暗くなるまで、みんなが懸命に働いていてつくるというのが工芸の制作の原点だったのかもしれません。

秋元■労働時間にお金を払うという発想は近代からなので、当時の工芸作家はものをつくって終わりじゃない。ものがお客さんの手元に届いて初めていったん終わる。でもその後も修理やなにかで続いていく。お客様との関係の中でつくるものが循環している。関係が継続しているから、ものの善し悪しが大事になる。信用問題に関わりますから。

小津■そこは制度と社会におけるずれがあると感じます。設計の仕事でも、労働時間で単価を出しようがないと思います。制度として設計料の基準が設定されているけれども、実際にはその基準は生かされていない。そして、社会もそこから生まれる価値を必ずしも評価していない。つまり、労働やその成果に対する評価の軸が違うのだと感じます。

●文化と産業の内発的発展

山出■金沢の域内、区域の中で文化が産業に影響を与え、産業が利益を生んで、その利益がまた文化を育ててきた。域内での文化と産業が円環的な発展をしてきた、これが本来の金沢ですよといいたい。こういうことで金沢の産業に厚みができたし、多様性が増し、強まったということは僕は事実だと思っています。

コンテンツ産業を育てる、あるいはクラフトをビジネス化していく、こういうことがこれからは必要になってくるわけですが、新しい試みに挑みながら多様なものづくりを大切にしていくという、金沢の経済の方向性を明らかにしていったらいいなと思います。

佐無田■金沢は多業種集積です。ニッチの分野、新しい分野がどんどん出てくるわけなのですが、なぜそうなのか。まちにいろんな業種の人たちが集まっていて、そこに交流があるからだと理解しています。異質な分野の人がつながって、職人的な応用開発で新規分野を開発するのに金沢は長《た》けています。

これはどこの都市もそうだというわけではありません。金沢の強みというのは、私は「都市の集積」にあると考えています。人々が集まって交流し、その中から新しい分野を開拓していく力があるのだと思っています。

いまの金沢では、文化のビジネスサービスという領域で新しい技術、新しいニーズに対応し、それを経済活動に落としていく事業が模索されています。そういう意味で、あらためて都市をインキュベーション機能という観点から見直したいと思っています。

起業家の卵みたいな人たちを、最初のうちはなかなかお金にならない間、支援する機能を集めた施設のことを、インキュベーション施設といいます。そうしたインキュベーション機能を、いままでは主に工業の機能で郊外に研究施設と一緒につくっていくのが主流でした。これからは都心にあるほうがよいと思います。都心の集まりやコミュニティ総体を、ビジネスのインキュベーションとして活かしていくのが筋です。金沢では、多様なタイプの文化ビジネスを実験できるような仕掛けづくりが次の政策として必要になってくるのではないでしょうか。

山出 金沢の武蔵ヶ辻にビジネスプラザ[*30]をつくりましたが、ああいうものをさらに内容的に磨いていくべきだとおっしゃっておると理解していいのですか。

佐無田 そうですね、施設単体でなく、もっとまち全体の機能になればよいと思っていますが。それも、いま秋元館長が手がけているような、工芸と融合した領域

*30　ITビジネスプラザ武蔵。映像、デザイン、ITなどの分野のベンチャー企業支援をするビジネスインキュベーション施設。金沢市経済局が運営。2004年開設。

に広げたらいいと思っています。ビジネスプラザではIT（情報技術）が中心ですけど、いまや、ものづくりもデスクトップでできる時代です。多様な産業の受け皿があってもいいと思います。

ものづくりといったときの「もの」の意味は時代によって変わってきます。昔はそれこそ職人の手仕事がものづくりでありましたが、20世紀の大量生産の時代になると、職人の仕事を非常に単純な作業に分化させて機械と動力でたくさんつくるという工程の中での勝負になりました。しかし、いまや機能性のある大量生産の「もの」ではなくて、その「もの」に込められている調和・物語性・歴史性などの情緒や精神に働き掛けるような部分、これを私は「文化的付加価値」と呼んでいるのですが、人々は「もの」に込められた文化的付加価値を消費の対象として満足感を得るようになってきました。

文化的付加価値の生産はいま、情報技術によって技術基盤が変わり、より分業化していく方向にあります。かつてはサービスだといわれていた部分が、文化的付加価値の「生産」として重要になり、専門職化し分業化しています。職人の仕事も当然変わってきます。ものづくりの仕組みは時代によって変わるので、その時代に応じた生産の仕方に変わっていかないとなかなか維持できないと思います。

6　金沢のコミュニティ【トークセッション4】

●地縁、血縁とNPO

山出■ところで、この会でもそうですが、多くの人がNPOというものの働きを評価し、強く期待するのですけれど、僕は金沢というまちを見ていて、地縁、血縁による共同社会が歴史的にずっと存続してきていると感じるわけですね。それと、このNPOの組織というものをどういうふうに、金沢の場合は調和させ連携させていくべきなのかなと。これは、僕は大変大事なテーマであると同時に難しい部分がたくさんあるんだろうと思っているのですけれど。

秋元■コミュニティのお話は重要な課題です。山出さんにお聞きしたいのですが、地縁、血縁社会は古くからあるわけですが、金沢的なコミュニティというのがありますね。

学校単位でつくられたコミュニティだと思いますが「校下」というものでしょうか。これは近代になってから生まれた比較的新しいものではないかと思う。それにぐっと新しくなりますが、職人大学校みたいな職業による横のつながりもある。あれもある種のコミュニティだと思います。それにボランティア大学もそうでしょう。

このあたりはいま流行のテーマ型コミュニティ[*31]とは微妙に違う、金沢的・地域的・地縁的なコミュニティが混ざり合ったような感じがするわけです。

たぶん金沢らしく、かつ新しい時代に対応したコミュニティの在り方があるのだろうと思うのですが、このあたりは山出さんはどのようにお考えでしょうか。

山出■次はどういう形の共同社会というか、みんなが助け合う仕組みというのはどういう形になってでき上がるのか、どういう形が理想的なのか。そういうことを語る人は僕はまだいないように思っていましてね。そこに僕は大変興味がある。

普通、他のまちは学校のエリアを「校区」と表現をするわけです。金沢の場合は「校下」というのです。そうすると、よそからきた人が「下」とは何事だと不満に思うわけね。

僕は、違うと。小学校・中学校という大事な学校があるんだ。住民はこの下にいて、そして学校を支えているんだ。子どものために頑張っとるんや。これが金沢の「校下」だと、こういう理屈をいってその場をしのぎました。よそからきた人にとってみると金沢のこの言葉に違和感を持つと思う。

*31　特定の課題解決をテーマとして集まった集団をいう。町内会・自治会などの地縁型コミュニティと区別される。従来は市民運動など意識の高い市民による自主的な団体が中心であったが、特定非営利活動法人という選択肢ができたことでNPOスタイルのテーマ型コミュニティが増えている。

それから、先ほどいったように、NPOと共同社会という2つのものの関係はどうなっていくのかなという点。我々の現に住んでいる地域の社会を社会学者は共同社会といって、共同社会に対して利益社会という考え方を入れてきた。社会を形成する基礎になるものは、利益社会と共同社会の2つだと。地縁と血縁から成り立つものがいわば共同社会（コミュニティ）であるわけで。NPOはどちらかといえばアソシエーション、[*32]利益社会という表現になると僕は思っているわけです。

金沢は共同社会の絆《きずな》が大変強いまちです。これが住民組織の末端にまで及んでいる。ところが、この利益社会という考え方と共同社会とは符合できるのかなと気になっているのです。そうすると、この2つをどうやってうまく調整していけばいいのかなというのが僕にとって難しいし、悩ましい。

内田■伝統的なコミュニティに属している人は、意外とインフォーマルなコミュニティが見えていないという部分があるんじゃないかなと思っています。インフォーマルな部分においては、交換価値を持つ貨幣さえも必要ないような状況の中で自分たちが満足ならいいとか、面白ければいい、そういった別の価値観で結び合っているというところがまた別のコミュニティの層として生まれてきている

＊32　アメリカの社会学者マッキーバーは、人々の共同生活が営まれる生活圏としてのコミュニティに対して、特定の目的のために意図的、計画的につくられた集団をアソシエーションと分類した。他方、フランスを中心にヨーロッパでは、営利企業でも公的セクターでもないサードセクターの非営利団体全般をアソシエーションとして定義しており、協同組合、市民運動、スポーツクラブなど多岐にわたる。

と思うのです。

地縁、血縁がつくる社会というのは政府に対する不信感というのもかなりあるような社会のようにも思います。日本はアメリカのように政府がやらない部分を、サードセクターが存在して助け合うような社会とも違うし、中国みたいに政府以上に地縁、血縁を重視するような社会とも違う、その間にあるんですよね。

なので、徐々に共同社会はミッション型のＮＰＯのみならず、お金にならなくても自分が楽しい、気持ちいい、面白いと思えば、そこでお金を介在せずにつながっていくみたいな経済活動、もしくはアソシエーションが生まれてくるような次の流れがあるんじゃないかなと思います。

●町会と消防団

吉村 僕が金沢に越してきて8年ほどになりますが、三馬《みんま》小学校のすぐ近くの借家に家族３人で住んでいて、越して2年目に町会の班長が回ってきたんですね。当然拒否権はないので1年間班長をやることになりました。回覧板を回したり町費を集めたり、ごみ当番や防犯パトロールも当然回ってくる。同じ班の人でも全然知らない人ばかりでした。

でも、そうやって同じ班の人と関わることで一応地縁ができて、それが仕事につながったりするわけでは全然ないんですけど、でも近所の何軒かの人とは話もするし、少し気遣いできるような関係ができてきて、それは、僕はすごくいいことだと思っているんですね。さきほど校下の話が出ましたが、金沢というまちには、地縁に対する組織づくりはすごくきちんとできているんだなと感じました。ただ、アパート等に住んでいる人には班長の役が回ってこないようで、アパートやマンションが増えてくると、良い影響は伝播しにくいように思います。

あと、人づてに聞いていて地域というものを感じるのは、消防団の存在がすごく強いということですね。消防団は参加していないので全然分からないのですが、寝不足になるくらい活動が活発だと複数の友人から聞いたことがあります。僕は鳥取県出身で金沢生まれではないのですが、そうやって地縁で結び付けてくれるというのは、町会や消防団というシステムがうまく働いているのかなというふうに思うわけです。

秋元■私は数年前に寺町の一軒家に引っ越したのですが、そこのエリアのつながりは強くて、ゴミ当番や回覧板、雪かきなど、地域の共同性を意識させられる場面が多いわけです。

それはそれで仲良くなれるのでいい。「お互い様」意識があって助け合いの心があるわけです。ただ高齢化が進んでいるので、独りで住んでいる住人もいるし、亡くなって空き家になっている家もある。地域が高齢化しているから衰退していくスピードも速い。それでもやはりそういうしっかりした地域は心強いし、できるだけ変わらずに継続してほしいと思う。でも時代の変化というか、同じではいられない。

山出　僕は地域コミュニティがなければならないというのは、災害の場合だと思う。災害の場合は決定的。しかも地域コミュニティが存在する条件は、即時に対応できるか。即時性、それに現場性。これが地域コミュニティの成立の大事な条件だと思っていて、災害現場を想定するとそのことの大切さを思います。

●内発的発展と地域コミュニティ

佐無田　地縁団体というのは町内会や自治会などのことですが、ここでの地縁とは土地の縁というよりも、同じ空間を共有している縁と考えたほうがいいです。地域の共同管理事務は近代化とともに自治体行政に移行し洗練化されてきましたが、すべての共同管理事務を自治体に移行できませんでした。どうしても狭い空

＊33　善隣館は、金沢独自の住民主体の福祉拠点で、1934年以降に設立された。保育園や幼稚園、デイサービスセンターの運営なども行う。写真は金沢市菊川の永井善隣館で開かれた「きくがわ地域サロン」（2010年10月）の様子。

間で管理事務をする必要があり、近代的に町内会とか自治会とかいった地縁団体をつくらざるをえませんでした。

金沢には、地縁団体としての校下、町会があります。町会は明治に始まり昭和期に順々に形成されてきた組織です。この町会のもと、婦人会、子供会、青年団などの年齢階層別地縁団体や、公民館、消防団、善隣館《ぜんりんかん》＊33など、自発的に人々が共同管理事務のために組織し、それを市が運営助成してきた目的別地縁団体があります。

普通はこのように説明されるのですが、私はここに金沢らしい地域コミュニティをもう少し付け加えたいと思います。ひとつは経済団体も非常に地域性が強いことです。金沢の商工会議所、経済同友会、青年会議所などは、中小企業の経営者やその後継者などにまちづくりの研修をさせて、個々人の事業の訓練だけでなく、まちづくりのために中小企業者が集まって努力することが、結局は自分たちのためにもなることを理解させる地域的人材教育の機能を果たしています。それから業界団体や協同組合も地域的なものがたくさんあり、それぞれが地域性を持って、価値観を共有する組織になっています。

それに加えてアソシエーション、機能団体。スポーツクラブやボランティア、

NPOなどの新しいタイプのサードセクターが近年登場していて、これにも地域的な特徴があります。さらに、金沢には業界を超えたネットワークや協力関係があるのが特徴的です。業界団体ごとに完全に分かれていない。この場にきているメンバーも業界は様々な人たちが集まっています。

地縁団体が横糸で、業界団体が縦糸、アソシエーションは斜めでしょうか、これらが複雑なネットワークで結ばれて、非常に多層な都市コミュニティを形成しています。それらがまとまって最終的に「金沢」というコミュニティを共有し、重層的な地域コミュニティを形づくっていると理解しています。

金沢は内発的な工業化を進めてきたので、工場労働者が大量移住してきた地域とは違います。例えば、川崎や四日市などは寺院や市《いち》の下に形成された歴史や文化のあるまちでしたが、日本中の農村から大量に工場労働者を入れて、住む層が変わってしまいました。金沢は地元の中小企業者が地域経済の担い手だったので、比較的近世からの住民の継続性があります。

しかも彼らが事業を興してきたのは主に街なか、インナーシティと呼ばれる都心空間でした。つまり職住近接で、これがもうひとつ地域コミュニティの大事な要素です。業務機能は中心部、住宅地は郊外というベッドタウン型では、地域コ

＊34　金沢経済同友会「金沢からカナザワへ」（1987）32ページ参照。

ミュニティは衰退する傾向があります。一方、金沢は職住近接でコンパクトなまちだったため、まちの文化や歴史に愛着の深い地域共同社会を継承させてきました。

都市の経済発展と地域コミュニティは密接な関わりがあります。経済団体が１９６０年代に「保存と開発」をテーマに問題提起したり、バブルの時代に経済人が「都市環境、生活環境の魅力」が「企業がそこに根付く、産業が盛んになる根源である」などと発言していた都市は、私の知る限り金沢くらいです[＊34]。これは地域コミュニティと経済の内発的発展が一体だということを示唆しています。

実際に、金沢は異業種連携による新産業の創出が得意です。例えば澁谷工業が中村酒造とコラボしてボトリングマシンをつくったり、近江町市場の回転寿司屋の要求から回転寿司のベルトコンベアメーカーが立ち上げられたり、全く関係のない分野が連携し地域内のニーズとシーズを結合させて、新産業を開拓してきました。これは業界ごとに分かれていたらおそらくできていなかったことでしょう。業界団体を超えた地域の中のコミュニティのつながり、横糸があるからこそ仕事が生まれる。こういうメリットがあるということを経済人も理解して発言していたのだと思います。

つまり、金沢では、①集積の利益と、②都市のアメニティと、③地域コミュニティは、地域の発展にとって一体の要素として認識されてきたと。そういう意味で「金沢」のコミュニティがあったと考えられるわけです。

●地域コミュニティの危機とNPO

佐無田■この地域コミュニティは危機を迎えています。いくつか理由はありますが、経済的な理由としては 地縁団体を支えてきたのはサラリーマン家庭ではなく、家業を持っていた家庭だったこと。自営業者、地元商店街などが衰退すると、地縁団体は弱くなる傾向にあります。それから都心のドーナツ化現象。ベッドタウン化が進むと都心のコミュニティの衰退を招きます。そして自動車社会化は、生活の匿名性を高め、人間関係を希薄化させます。

対策としては、地縁団体だけを支えるのではなく、地元中小企業者の活性化と連帯、それから、郊外化の抑制と職住近接のまちづくりが必須です。こういったものと一体でないと、地域コミュニティをなかなか支えられません。地縁団体は時代によって盛衰があり、時代によって形が変わります。しかし、地域空間の共同管理の必要性はなくならないので、地域コミュニティはおそらくなくなることはありません。ただし、自治体を含めた組織の再編成はあり得ます。

20世紀の経済の特徴は、民間企業の成長と、政府による所得再分配があり、政府の経済活動が非常に大きかったのが特徴でした。しかし、21世紀の現在は、豊かになったゆえに簡単にものが売れなくなり、競争が激化して、儲けられる人とそうでない人の格差が広がり、市場領域は二極分化しています。さらに、政府領域も「小さな政府」ということで縮小していきます。商品は非常に増えるが、社会の隙間が広がっている状態です。これほど大きな社会の隙間は地縁団体には埋められません。そこで、拡大する社会の隙間を埋める形でＮＰＯのような社会的な事業者が出てきました。

その特徴は、市場の資源（事業収入）、公的資源（行政の委託事業など）、共同の資源（地域住民の共同出資やボランティア）を組み合わせる形で、半営利、半公共というスタイルの事業者であることです。その中には、ＮＰＯをはじめ、住民共同出資の株式会社、行政主導の第三セクター、認可地縁団体、民間のまちづくり会社など、多様な形態があります。これらはかつての福祉国家のようなマクロなレベルの混合経済ではなく、ミクロな事業レベルの混合経済といえます。このスタイルは今後さらに模索されると思います。

社会的企業は、民間ビジネスと同じような事業の工夫や革新が必要な一方で、地域社会に対して開かれた意思決定過程が必要不可欠で、ここが普通の株式会社とは異なるところです。つまり、これらを支える公的な制度設計があってはじめて成り立ちます。地縁団体やNPOも自治体の地域ガバナンスがなければきちんと成立しません。ここに自治体の現代的な役割があると考えています。

山出 地域コミュニティと自立内発性という言葉の関わりについてお話がありましたが、具体的にどんな仕事があったかといえば、その代表はクラフトだったと思うのですが。

佐無田 クラフトと、あと商売があると思います。金沢は卸売が盛んでしたから、技能を持ちながらやっている卸売みたいなのがあったと思います。

山出 佐無田先生がおっしゃったように、多様な形態の人の集団が出てくるということは僕はその通りだなと思いました。それを認めていかなくてはいけないね。

共同社会と利益社会の二者択一ではなくなってきましたね。公のためにボランティアなどで集まろうというグループが出てきて、集団というものが多様になってきたと思います。それはそれとして尊重しつつ、うまくまとめ、運用していく考え方やテクニックがこれから必要になると思います。

●NPOの役割と地域コミュニティの課題

内田■佐無田さんらしいお話だったのですが、どうしても生活コミュニティというものも考える必要があると思います。J・ジェイコブズの『アメリカ大都市の死と生』（鹿島出版会）の中で「路上のバレエ」として語られているような、例えば路上で何がおこっているのかを見たり、見られたり、挨拶をしたり、生活の中で助けあったり…そういったコミュニティは同じ空間の中で同時に存在しているものだと思うのです。それが自律的な生活を支えるためのある種の関係空間をつくってきたというように思います。

それも踏まえてですが、生活コミュニティの中で2つの課題があると思います。まず、先日『コミュニティを再考する』（平凡社新書）という本を読んでいたときに、「成長によって社会的矛盾を吸収したり、緩和したりすることがほとんど望めなくなった条件のもとでのコミュニティ再生」（36ページ）をいかに考えるかという話が書かれていました。いま、右肩上がりの成長がなくなった経済の中で、コミュニティ内でのズレを経済的発展というもので埋めることはできないなら、そのときにどうするのかという話がひとつあります。

もうひとつは、実は以前に出した本『まちづくり市民事業』（学芸出版社）でもいっていたのですが、民間は利益が見込めないから参入できないけれど必ず市民には必要性のある事業があります。こういったものを、特に採算性のきびしい地方都市では誰が主体となって補っていくのかということは考えなくてはいけない。これは佐無田さんと同じ考えだなと思います。

どのようにファンディングしていくかというときに、地域ファンドとか地元のNPOの出資や、NPOが特定目的会社になったりとか、生活コミュニティに基盤を持つものが形態を変えつつそういうものを支えていくんだということです。これが現代的なコミュニティの隙間を埋めるひとつの方法かなと思います。

佐無田　私は地域コミュニティの根源を整理するための視点を地域の共同管理事務におきましたが、内田さんはもっと生活に根ざした生活コミュニティにも置くべきだとおっしゃった。これは確かにそうですね。

NPOは歪《ゆが》みを生んでいる地域コミュニティの空間を埋めるものになるかといえば、私はそうはならないと思っています。NPOは、狭い空間を共有している集まりではありません。狭い空間を共有している組織である地縁団体もあるべきだと思います。

先日訪れた愛媛県の内子町《うちこちょう》では、地区レベルの公共計画はすべて自治会の地区計画に乗らないと予算化しない、行政の事業をおこせないという改革をやっていました。その地区に住んでいる職員が事務局役になって住民の合意形成をコーディネートしていて、これが職員訓練にもなっています。こうすると、地方議会議員は陳情役をできなくなり、議員の役割も変わってくるというわけです。つまり、狭域の空間を管理するのには依然として地縁団体の役割があって、自治体や地縁団体を現代的に再編成することもあり得ることです。これに対して、社会的企業とかＮＰＯが埋める部分はもっと多様だろうと思います。

内田　理想的にはそうだと思いますね。東京都中野区の住区協議会の調査をしていたことがありましたが、地域の意思決定を地域住民にも担わせるということをやっていました。しかしなかなか理想通りにはいかない、という現実もあったのです。革新自治体の時代に理想主義的につくったものがうまくいかなかったという現実もあるなと思います。内子の事例は期待したいですし、社会的企業プラスアルファでのそういったやり方もあると思うけれど、いまのところは理想論通りにはいってないかなと思います。

安江　すごく現実的な話で恐縮なのですが、町会の総会など、ものごとを決めるときは、みなさんの意見を決めてやりました、ではなく、誰かが勝手に決めていたり、長老のような人が波風を立てないようにして決定していることが多く、言いたくても、ものが言えなくなってしまっている町会やコミュニティが結構見受けられると思うのです。

町会長も輪番制になっていて、自分が会長の1年間は、何ごともなく過ごせればいいので、旅行も廃止、これも廃止という、問題があっても先送りして、楽であまり波風を立てないような運営しかしようとしない場合が多くて。

ただ先ほど話題になった行政の職員のように、客観的に解釈をしたり、通訳をしたり、うまく意見をひきだせる、町会以外の人がコーディネーターとして入ってくれれば、もう少し建設的な会議になっていろんな意見が出てくるのにと思います。地域コミュニティは大事だし、なんとかしたいと思っていても、そのやり方がわからない人はいるのではないでしょうか。実はそういう身近な点が足をひっぱっていることが多いのかなと思いました。

佐無田　おっしゃるとおりですね。でも、行政でも企業でも、組織が機能しなくなる問題はどこにでもあります。いまの町会組織は、大量生産型経済成長と福祉国家型自治体組織と整合的につくられてきた組織で、改革が難しいのは事実です。

しかし、これをなくせばいいのではなく、組織を再編成する必要があると私は思います。改革は苦労の多いプロセスですし、いまの町会を基本として再編するのがいいか、町会の外に新しい組織を立ち上げるのがいいのか、一概にいえません。いずれにせよ、地縁組織とＮＰＯのような新しい共同組織は、どちらも地域にとっては必要で、地域ごとに多様な再編の可能性があると思っています。

Ⅱ

まちの文化的景観

主計町地区
浅野川大橋
安江金箔工芸館
卯辰山麓地区
ひがし茶屋街
東山ひがし地区
卯辰山工芸工房
卯辰山
梅の橋
泉鏡花記念館
天神橋
浅野川
外惣構跡
内惣構跡
159
兼六園
金沢大学医学類
金沢美術工芸大学
辰巳用水
重要文化的景観選定区域（　は景観地名）
重要伝統的建造物群保存地区（　は地区名）
近代的都市景観創出地域
小立野台地

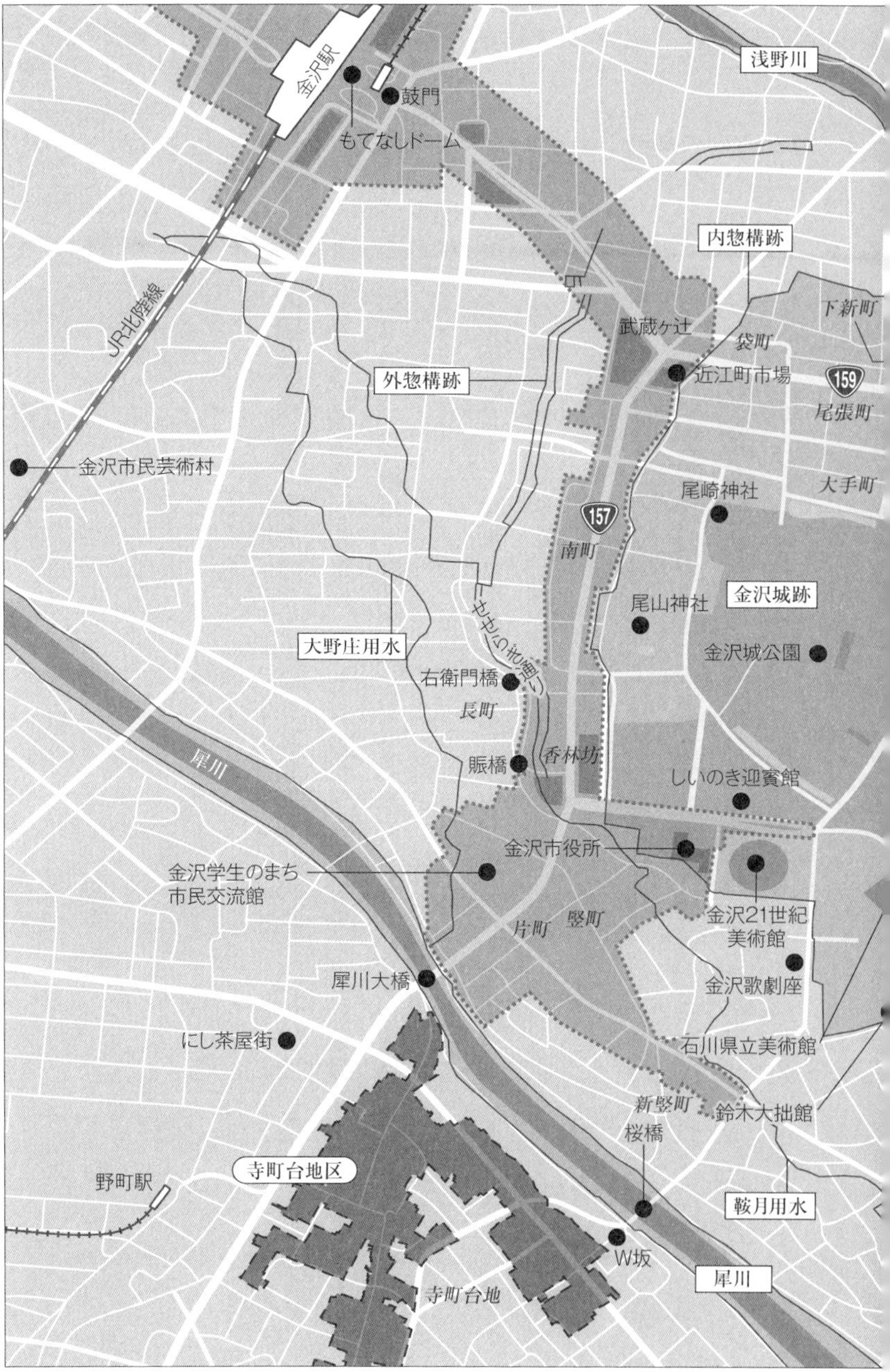

金沢駅
鼓門
もてなしドーム
浅野川
内惣構跡
下新町
袋町
武蔵ヶ辻
近江町市場
159
尾張町
JR北陸線
外惣構跡
金沢市民芸術村
大手町
尾崎神社
157
南町
金沢城跡
尾山神社
金沢城公園
大野庄用水
せせらぎ通り
右衛門橋
長町
賑橋
香林坊
しいのき迎賓館
犀川
金沢市役所
金沢学生のまち
市民交流館
片町
竪町
金沢21世紀
美術館
犀川大橋
金沢歌劇座
にし茶屋街
石川県立美術館
新竪町
鈴木大拙館
桜橋
寺町台地区
野町駅
鞍月用水
W坂
犀川
寺町台地

内田■前回は、金沢のまちの成り立ちと文化の創造についての話でした。その中で歴史の積み重ねや伝統、コミュニティが金沢らしさの基礎をつくったことを学びました。今回は、具体的にまちづくりのあり方について考えていきたいと思います。

金沢のまちには風格と物語があります。それは、景観のコントロールやまちの人々の自制の精神などがつくりあげてきたものであり、金沢のまちづくりの基本となるものです。それらは資源でありながらも、守ってゆくことが難しい存在でもあります。放っておけば、経済的原理が変化させてしまうのであり、日々変化していってしまうものです。困難な状況ではありながらも、今日まで金沢のまちづくりの「基本」となってきたことについて、まずは山出さんから総論的にお話ししてもらいます。

*35　徳田與吉郎（1906-1995年）。第21〜23代金沢市長。在任期間は3期（1963〜1972年）。

7　都市計画でまちをつくる

●区分けの理論

山出■どういう経緯でいまの金沢があるのかについて知ってもらうことは大事なことだと思いますので、かいつまんでお話をします。

60万都市構想という構想は徳田市長[*35]のときにつくられたのですが、その中身は、土地利用方針でした。

この土地利用の基本的な考え方は、旧市域、すなわちお城と城下のエリアは原則保存し、ここでは開発をしない、開発は駅から港にかけて行う、こういう考え方でありまして、保存するところと開発するところをしっかり区分けをする。これを僕は「区分けの理論」と、偉そうなことをいってみたわけです。

開発と保存の区域を区分けして、市民が守っていけるかどうか、これが金沢の将来に関わります。

片町、香林坊から武蔵ヶ辻を通って駅から港にかけては金沢のまちの背骨、この都心軸線はやっぱり近代化の対象だと思っていまして、近代化し開発する対象は、都心軸線と駅から港の一帯で、これをきちっと守っていくことは、すなわちお城の周辺を守るということにつながるはずだと、こんな考え方なんです。

そしてこの考え方は、市長が替わったからといって変えてはいけないと思いますし、利害関係でここは守らないで開発しようなんて考えたら、それでまちは終わりだと、僕はそう思っています。

例えば、所有者の都合で農地を「買ってほしい」とか、「住宅団地とか工業団地などをつくってほしい」と、そんなことをいわれたとします。それを市長が簡単に「わかった」というと、農家の方々にしたら、あそこに団地をつくるのなら自分らのところにも、ということになると計画的なまちづくりはできなくなる。ここを守っていけるかどうか。市域全体の土地利用のマスタープランや条例とかの仕組みをつくっていくと同時に、そのことを市民全体が納得をする、資本の側も理解をしなければいけないのです。

●県庁跡地をどうするか

具体的な話をしましょう。県庁の移転跡地が広場になるまで、いろんな経緯がありました。まず県庁を金沢駅の西側に持っていこうとなったのは1991（平成3）年でした。かなりの面積を確保しようとすると、駅西の土地区画整理地しかなかったものですから、前の中西知事[*36]は移ろうと思い切ったことを言われたわけです。

当然のことながら県庁に近い香林坊や片町の商店街は反対しました。僕は県庁舎を移した新潟、山形、岐阜を見てきました。そこで、まちの商店街にはそれほど影響はないという印象を持ちましたので、まあ、移転してもいいのではないかと思ったのです。

石川県庁の跡地をどうするかというのは、大変な議論になりました。1993（平成5）年のことです。県庁跡地は県の財産です。市長では発言に限界があります。人の財産をどうこうとは、なかなかいいづらい。そこで僕は「市役所の側からお城の石垣が透けて見えたらいいね」といいました。婉曲にこういう言い方をしたのです。

そのころ、NHKが大手町から県庁跡地、いまのしいのき迎賓館の場所に移りたいと申し出たわけです。市民の意見は割れました。「移転を認めろ、香林坊や片町がにぎわっていい」という意見が出る一方で、「にぎわいにはならない」という反対論が出ました。

*36　中西陽一（1917－1994年）。第47－54代石川県知事。在任期間8期（1963～1994年）。

旧県庁はしいのき迎賓館に改修された本館だけが残り、周囲にあった県議会、県教育委員会などの建物は取りこわされて、市の中心部に金沢城に隣接する大きな広場ができた。

僕は2つの意見の狭間で大変、苦しみました。NHKが移転先で立てるアンテナの高さは50メートルだというのです。お城の周辺は景観条例に基づく景観形成基準で高さは15メートル以下です。基準を超える工作物の扱いをどうするか、景観審議会を開いて議論してもらいました。

議論を経て最終的にノーということになりました。恨まれもしました。が、もし県庁跡地にNHKが立地したら、しいのき迎賓館はなかったわけですし、広大な緑の景観形成はできなかったと思います。

石川県・金沢市では、「城下町金沢の文化遺産群と文化的景観」をテーマに世界遺産登録を目指す活動があります。時間はかかると思いますが、もしもNHKが城下にあったら世界遺産登録どころではありません。つらかったけれど、ノーの結論は賢明ではなかったかなと思っているのです。

中西前知事が県庁舎を金沢駅の西側に移すと表明し、跡地の活用に関する懇話会を開いたのが1993（平成5）年です。県庁跡地で、しいのき迎賓館がオープンしたのは2010（平成22）年。その間は17年間もあったわけです。

時間はかかったけど、県当局と県議会による適切な選択だったと思っています。大きなテーマでは拙速はいけない。ゆっくり時間をかけて議論をしておくことが大事です。議論をしている間に社会は進歩し、変化も出てきます。そういうことを踏まえて、うまくまとめていくのは市民県民の英知でもあるし、為政者の判断と責任でもあると思っています。

●重伝建地区

金沢のまちは、やはり古いものを守っていくことが大事でして、この古いものを守るということをしなかったら、金沢の金沢たるゆえんがないと、僕は本当にそう思っています。

そんな意味で文化財を大切にすることが重要で、そのひとつに重伝建地区があります。重伝建地区というのは「重要伝統的建造物群保存地区」ということです。「群」という字が入っています。

文化財保護法という法律は戦争が終わったあとにできました。この当時の「文化財」とは単体（個体）としての文化財です。不動産文化財としては一つひとつの個別の建造物あるいは構造物を文化財に指定したのです。尾山神社の神門とか尾崎神社の本殿を対象にしようと、こういう扱いをするようなものです。これが1950（昭和25）年にできたときの文化財保護法の考えです。

それが、25年たった1975（昭和50）年に「伝統的建造物群」という言葉ができました。単体としての文化財を守っていこうという仕組みのほかに、エリアとしての文化財を残していこうという仕組みが加わって、より文化財を広範に大事にしていこうという趣旨で法律が改正されたわけです。まず選定したのが長野県南木曽町妻籠《つまご》でした。面的な保存の仕組みができた翌年には妻籠は選定を受けております。

●金沢の文化的景観

国の制度は、まず単体としての文化財を指定し、その後にエリアとしての文化財を守る仕組みをつくった。次いで、「文化的景観を文化財として選定する」ようになるのです。

単体あるいはエリアとして文化財としての価値を認めている場合は、対象物はハードな建造物、構造物です。こんどは文化的景観というソフトの概念を、文化財として認めていこうという考え方が加わってきたわけです。2004（平成16）年です。

それでは文化的景観とは何ぞや。一般的にいわれるのは「住む人の生活とか、

兼六園の雪吊り。兼六園では毎年、11月になると雪害から樹木を守るために庭師らが雪吊りの作業を始め、12月中頃に完了する。翌年3月中頃に取り外されるまで、風物詩として市民や観光客を楽しませる。

生業《なりわい》が醸し出す景観のこと」です。今日まで文化的景観を国が選定したものにどんなものがあるかといったら、すべてが農山漁村の風景です。段々畑とか、棚田とか、それから水郷の風景、ああいう風景を国は選定してきたのです。しかし、都市の中の風景も文化財にしようという考え方がここへきて出てきました。

最初に京都府宇治市の茶文化にかかる文化的景観が選定されました。次いで金沢市の城を中心としたエリアと卯辰山公園が文化的景観地として選定されました。２０１０（平成22）年のことでした。いずれも都市の風景を文化財保護法の対象にしたものです。

金沢の文化的景観とは何かと。分かりやすく説明しますと、植木屋のつくる雪吊りは文化的景観でないかね。それじゃ浅野川で友禅流しをしているね。あの風景というのは文化的景観ではないかと。お茶会もお茶屋の風景・雰囲気も文化的景観よと。

それでは、あらためて金沢の文化的景観をどういうふうに限定するか。それを具体的に学術的に整理した上で、保全していく施策をどのように組み立てていくか。こういうことが、金沢市のこれからの大きなテーマになるわけです。

このことをした上でないと、２００７（平成19）年に石川県と金沢市が共同で「城下町金沢の文化遺産群と文化的景観」と題して提案した、世界遺産登録は不可能と思っています。一つひとつ確実に対処していけば、その彼方に世界遺産登録の姿が見えてくるはずだと。議論を進め、深めるためにも、文化的景観に関して論文も書いてくださることを、みなさんに期待します。

ともあれ、従来の記念的建造物の保護という概念の枠を越えて、そこに人間の営みとか社会の関与も含めた文化財保護の概念規定へと進化してきていることは間違いないのです。

●近江町市場の再開発

近江町市場は近江商人がつくった市場です。２９０年余りたちます。藩政時代、まちのあちこちにあった市場を集めてきた。それまでは、小売も、仲買も、卸もみんなばらばらにあったわけです。

戦後になって流通の面で合理化しないといけないということになり、駅の西側で市場をつくった。小売の機能だけは近江町に残し、卸と仲買の機能を駅の西側に移して金沢市中央卸売市場と称して開いたわけです。１９６６（昭和41）年のことでした。

それが近江町市場の再開発をしようという考え方が出てきた背景です。この再開発案は、高度経済成長期のことであり、41階建ての計画が出たのです。また、その後15階建ての計画も出ましたが、いずれもできませんでした。

再開発と土地区画整理は、都市計画の方法です。これは、一人ひとりの土地を少しずつ出して、各人の面積は小さくなるのですが、出し合った土地を集めて、お金にして、道路や公園をつくるという手法でして、これを土地区画整理といいます。

再開発というのは、土地ではなしに床なのです。これを上へ積み上げていく。それぞれ床の面積を少しずつ出し合って、これをお金に換えて、エレベーターなどの公共施設の経費を賄おうというのが再開発です。

ですから、みんな自腹を切って、自分の財産を少しずつ出し合って、その金で公共的な施設や空間をつくっていこうという趣旨では、再開発も、土地区画整理も一緒です。この仕事を金沢市は盛んにやってきた。博多と金沢は、再開発と土地区画整理の優等生といわれたのです。

近江町市場の場合は再開発になります。高い建物をつくれば、多くの床空間が出ます。ところが、これを買ってくれる人がいないと建物をつくれないわけ。景

＊37　市街地再開発事業によってうまれた余剰分の床であり、売却し、事業費に充てる。権利変換後に事業施行者に帰属することとなる。

気が悪いと買ってくれる人がいない。長い間不況が続きましたので、この再開発計画は実行できなかったのです。随分と時間がかかりまして、市場の施設はどんどん古くなってくる。

景気が悪いから高い建物をつくったって保留床[＊37]が売れない。床が売れないので計画は進まない。そこで僕は市場へいって、「どうかね、この辺で高いものを止め、低いものにしたら」ということをいったわけです。

近江町のああいう商いをする人は、声はでっかいわね。しかし、気はみんないい人ばかり。優しいです。そして決まったら、サッと守る。それが市場のみなさんのいいところ。納得してくれて、そして低層でやろうと決まりました。それが5階建てのいまの建物なのです。

●地場の論理で再開発

ただ、僕はこれをやるについて悩んだことがあるのです。それはどういうことかというと、金沢駅周辺と駅から武蔵ヶ辻の間にホテルやマンションをつくるための再開発をいくつもやってきた。これはみんな市がやったのでなしに、組合、民間がやって、それを国・県・市がお金を出して応援したものもあるわけです。

近江町いちば館。地上5階地下1階建てで、2009年4月に全面開業した。

ところが、これらと同じコンサルティングでそれをそのままこの近江町でもやられてはかなわない。僕は「ちょっと待ってよ」と。

一般のホテルやマンションの建物じゃないんです。商いの場所です。金沢の庶民の台所ですから、ハイヒールを履《は》いてハンドバッグを持っていくところじゃないですよ。おやじさんとやり取りをして値切ったりするところ。なんともいえない親しみがあって、賑《にぎ》やかなところ。ときには騒々しい。それが市場の雰囲気なので、僕はその雰囲気を大事にしたかった。都会のコンサルでこういうところの市場の雰囲気は出せるか。ここが心配だったのです。

そこでどうしたかといったら、組合とコンサルの真ん中に委員会をつくった。金沢工業大学の先生がここへ入った。金沢美術工芸大学の先生も入る。金沢経済大学（現金沢星稜大学）の先生も入ってもらった。もちろん、組合の方にも入っていただいた。こういう委員会でこのコンサルの案を議論したわけ。コンサルの案を鵜呑《うの》みにするのではなく、地元の考え方を尊重したものでないとだめだと。僕がこのことを盛んにいったわけです。

それでいまあなた方が近江町市場へいっても、まあまあ市場の雰囲気は残っています。市場の再開発で、再開発ビルと市場のかかわり方に論議があった事例も

年末の買い物客で混雑する近江町市場。鮮魚店や青果店などの店舗が中心に入居する近江町いちば館1階は、品ぞろえや店員の活気などかつての雰囲気を残している。

あると聞きますので、やはり僕は市場は地場と商売の論理でなきゃいけないと、本当にそう思うのです。

委員会で討議をいただいたのですけれど、ほかに市民、識者、議会の意見をどうやって聞いていくか、まとめていくかというのはなかなか難しい。いろんな手法と考えを持って、まとめていかないといけない。

こんな経緯があって近江町市場の再開発事業は、2007（平成19）年に着工し、2009年に完成しました。

鞍月用水とせせらぎ通り商店街

次に鞍月用水のことです。片町から香林坊を通り武蔵ヶ辻へいく道は国道で、その裏に用水があります。KOHRINBO109のすぐ近くにある橋を賑橋《にぎわいばし》といい、北國新聞社の裏にある橋を右衛門橋《えもんばし》といいます。この間を中心にせせらぎ通り商店街があるわけです。

以前、賑橋から右衛門橋の間は暗渠《あんきょ》区間でした。用水の上にふたをかけて駐車場にしていたわけです。僕はこれを取れないかと思いました。しかし簡単なことではありません。まず車の移動を折衝しなければならないのです。金沢市役所の職員はよく頑張りました。補償交渉がなかなか大変だった。完成まで10年かかりました。大きな費用がかかりましたが、農林省からの補助金もあって橋は撤去できたのです。下流にいけば農業用水になるので、農林省にいって頼み、お金をもらってきました。撤去した橋の数は90にも及びました。

この撤去をするときに、「そんなことまでするのか」と反対意見は当然ありました。そこを誠意を尽くして理解を求め、なんとかまとめた。次に出てきたのは「橋のデザインを自由にさせてほしい」、「それぞれ個性のある橋をつくってもいいのではないか」という意見です。僕はこれについては「ちょっと待ってほしい」といいました。

パリのまちのビルとかマンションはみんな高さをあわせていますよね。僕は景観の大事な要素は「統一性」だと思っているのです。自在にすれば喜ぶ人もいるけれども、ちゃんとしたルールをつくって統一する。これが良い景観をつくる大事な条件だと僕は思っていたわけです。そんな意味で職員には「統一しないとだめだ」といって、橋のデザインを各自勝手にしないことにしてもらったのです。こうして鞍月用水の開渠化ができたのです。みなさんぜひ賑橋から右衛門橋まで歩いてみてください。

せせらぎ通り。鞍月用水に統一されたデザインの橋が架かる。

なぜそういうことをしたかというと、僕にもいろんな考えがありました。もちろん、歩いているときれいな水が見えるようにしたいと考えました。同時に、用水はどんな機能を果たしていたかを考えました。洗濯をした、大根をあらった、そうした作業をしながらお隣近所の噂をした。僕は、用水というのはコミュニティ空間だったと考えているわけです。このコミュニティ空間をなくしてしまった原因は何だったかというと、車だったと。車社会へのレジスタンス、これがこの事業の背景にあったといいたいのです。

*38　金沢市出身の建築家（1904−1979年）。帝国劇場、ホテルオークラ東京本館メインロビーなどを設計。1973年に文化勲章受章。

8　景観条例でまちの風格をまもる

●全国初の伝統環境保存条例

山出■実は1966（昭和41）年に「古都における歴史的風致の保存に関する特別措置法」という法律ができました。当時の徳田市長は、金沢市がこの適用を受けることはできないだろうかと言ったわけです。しかしこの法律にある古都とは宮廷とか幕府が置かれておったところだと、こういう言い方で、金沢市はこの古都の中に入れなかったのです。

徳田市長はそのころ、金沢出身の谷口吉郎《たにぐちよしろう》先生*38と話されます。徳田市長のお住まいは旧横伝馬町《よこてんままち》（現片町2丁目）。一方、谷口先生のお住まいは「つば甚」という料亭に近いところ（現寺町5丁目）でした。住んでおられたところには、小さい門があります。そして家と土蔵が残っております。お店は片町の犀川大橋の辺にあったはずで、春陽堂という九谷焼の窯元でした。谷口先生と徳田市長のおふた方は住まいも近いし、知り合いの間柄だったと思います。この谷口先生が当時「日本はずいぶんといい建物を壊している」と大変心配されておりまして、徳田市長に「金沢市もしっかり残さないと」とおっしゃったのです。

徳田市長は谷口先生のご意見をふまえて、東山魁夷《ひがしやまかいい》先生や、のちの金沢大学学長の中川善之助《なかがわぜんのすけ》先生などの権威に集まっていただき、相談をされました。ここに地元経済界代表や知事、市長も入られまして、結果としてできるのが、1968（昭和43）年の「金沢市伝統環境保存条例」です。これは全国で初めての景観条例でした。この条例に続いてできたのが倉敷市の条例であり、金沢と倉敷は、景観保全に取り組んだ最初のまち、先進市なのです。

ただ私からすれば「伝統環境保存条例」はそんなに詳細な条例ではありません。条文の数は少なく、内容も簡単な条例なのです。このような条例のことを、「宣言条例」といいます。ただ、宣言条例の域を超えることはなくとも、私はつくることに意義があったと思っておりました。

●金沢の景観論争

日本で景観が廃れ、歴史的な建造物が壊されたのは1960年代から1970年代がピークだったという感じがします。金沢市役所はいまはああいう建物（1981年改築）になっていますけれど、もともとは木造でして、なかなか風格

並木町のマンション群。金沢市内の浅野川左岸に立ち並ぶ。並木町は2005年10月に復活した旧町名。転入者が多い住民の間でも連帯感が深まり、まちづくりへの取り組みが盛んになった。

のある建物だったのです。いまだったらあの庁舎は一部だけでも残したかもしれないと思います。

犀川大橋から香林坊を通って武蔵ヶ辻までの国道沿いには以前は金融機関が並んでいまして、保険会社とか銀行とか、いくつか由緒のある建物がありました。壊すべきでないという議論もなかったわけではありませんが、簡単に壊してしまって、考えてみると残念なことをしたものだと思います。

１９７０年代にはいろんな困ったことが起きました。１９７２（昭和47）年には、いまは金沢市兼六元町の消防の出張所になっているところに旅館がありまして、その外壁の色の議論がおきました。当時その設計をした東京の建築家がどういうことを言ったかと申しますと、「平安朝時代の色というと、黄色や緑色、朱色が主体だったので、これを金沢にも入れるんだ」と。それで地元で大きな論争になりました。結局は途中で経営者が変わったりして、いまは建物自体もなくなったのですが、外壁は黄緑色、サッシは朱色という、実はそんな困ったことがありまして、それが金沢市における景観問題のスタートだったかなと思います。

それから、寺町に高層マンションが建ちました。１９７６（昭和51）年には梅の橋から浅野川大橋の上流左岸に高層マンションが建ち並びまして、10階から11

＊39　自然や歴史的建造物の保存を目的に、それらを寄贈・買い取りなどによって入手して、保全･管理する運動。イギリスの民間団体「ナショナル‐トラスト」を起源とする。

階建ての建物が10棟並んでいます。僕は、いまだったらああいうことにはならなかっただろうと、思います。

ところが、1987（昭和62）年に、いま申し上げた浅野川左岸のマンションの向かい側にあった産婦人科病院の建物がなくなりまして、跡地にマンション計画が立ってきました。これに対して、反対が起きて、景観トラスト運動＊39に発展しました。

金沢市は、最終的に都市計画法の地区計画制度を入れて、病院の跡地を公園にしました。それでトラスト運動は落ち着いたのですが、これが金沢市における景観行政の始まりでした。

●景観基本条例・関連条例の制定

金沢市に景観阻害のいろいろな事例が出てきた、トラスト運動もおきてきたということから、やはり景観問題は大事だということになりまして、結構時間はかかったのですが、1989（平成元）年に、「金沢市における伝統環境の保存及び美しい景観の形成に関する条例」ができました。私はこの条例が、金沢市の景観行政の基本になったと思っています。

この1989年の条例というのは、区域を分けるものであります。伝統環境保存区域（36地区）は古い町並みが残っているところ。近代的都市景観創出区域（13地区）は香林坊や片町、武蔵ヶ辻などの界隈。こちらは近代化していくわけです。しかし近代化してもそこには美しい景観はあるべきだといって近代的都市景観創出区域を定めました。この2つの区域に景観形成基準という物差しをあてはめます。この景観形成基準の策定が景観行政のスタートだったと思っています。

区域ごとに建物の高さであるとか、壁面の位置であるとか、形態、意匠などの物差しをあてはめた。このことを指導したのが、金沢大学、金沢工業大学、金沢美術工芸大学の先生方でした。金沢市は、日本では国よりも景観行政のスタートが早く、施策の実行過程で都市景観のあり方や具体の案件を審議する審議会をつくろうということになりまして、審議会のメンバーには建築家や設計士や大学教授などのみなさんが参画されました。

●国が景観法を制定

そして2004（平成16）年に国の景観法が制定されます。国の法律の制定は金沢市の条例からずっと遅れたわけです。国に先駆けて景観政策を進めたのは、京都市と金沢市でありまして、私はこの景観法の制定過程で国会に参考人として呼ばれました。国にとって京都と金沢はやはり見習うべきまちと、そういう認識を持っていたことは間違いありません。

景観法という国の法律ができましたので、金沢市のいままでの条例も法律にあわせることが必要になりまして、2004年に金沢市はまた新しい条例をつくるわけです。それが新景観条例です。

前の条例は、伝統環境保存区域と近代的都市景観創出区域の二つの区域を定めたのですが、新しい景観条例は、これに伝統環境調和区域（13地区）をつくって加えました。これはいままでの伝統環境保存区域をもう少し広めて、景観を大切にしなければいけないとしたのです。こういうことでより精緻な条例になりました。

●条例によるまちづくり

これらは基本的な景観条例なのですが、このことに加えまして、いろいろな景観関連の条例をつくってきました。1994（平成6）年に「金沢市こまちなみ保存条例」、1995（平成7）年に「金沢市屋外広告物条例」、1996（平成8）

年に「金沢市用水保全条例」、1997（平成9）年に「金沢市斜面緑地保全条例」をつくった。こういうことをずっとやっていくわけです。

こんなにたくさん条例をつくったのは金沢市だけ。こうした条例も宣言条例で、強制力を持つものではないのですが、それでも僕はつくることに意味があると考えて次から次につくったのです。

2001（平成13）年の「金沢市における緑のまちづくりの推進に関する条例」というのは、ちょうどそのときに全国緑化大会が金沢市で開かれました。それを契機にして、こういう条例をつくってみようと考えたわけです。

2002（平成14）年に制定された「金沢の歴史的文化資産である寺社等の風景の保全に関する条例」というのがあります。実は僕はこの条例をつくる前にヘリコプターに乗って金沢市を上から見下ろすということをしました。どういう感想を持ったかというと、きれいだなと思ったのは、黒瓦と緑でした。田園地帯にある集落や、大きいお寺やお宮の境内地の緑と瓦が大変きれいに、強烈に目に映ったのです。そこでつくったのがこの条例です。お寺やお宮の境内を大事にしてほしい。もし木を切るようなことになったら届け出てちょうだい。そして巨木の管理をするときにお金がいるようなことになれば一部お金を出してもいいよと、こういう条例でした。

2005(平成17)年に「金沢市における美しい沿道景観の形成に関する条例」をつくることになりました。これについても契機がありました。作家の五木寛之先生が僕におっしゃったことです。どういうことをいわれたかというと、五木先生が東京の友達と二人、小松空港からタクシーに乗り、金沢西インターまできた。そこまではいい。ところが、西インターからまちに入るのは市道だ。市道の両側の景観が余りにも醜悪で、友達にこれから金沢市内に入りますとどうしていえますかと。西インターから広小路までの市道の景観管理が悪いと僕にいわれるのです。僕はあのときの五木先生の言葉が骨身に凍みました。それでつくったのがこの条例なのです。

条例制定にはいろんな契機と理由がありまして、その都度職員に対して「次はこうしよう、ああしよう」と盛んに指示してきたわけです。職員にすると、うるさい市長だったろうと思います。

いろいろと条例をたくさんつくったことで、僕は日本都市計画学会でも評価をしてもらって、都市計画学会石川賞をもらいました。石川賞は日本の都市計画の礎を築いた石川栄耀《ひであき》教授の名前をとった賞で、条例をつくったことでもらったのです。

条例に違反しても罰則はありません。違反行為をした人の名前を公表することはありましても、法律のような厳しい規制ではありません。条例は地方自治体がつくるきまりですから、国のような強制権限はないのです。それでも僕は条例をつくるべきだと思ってまいりまして、こういうことの積み重ねで少しでもまちをきれいにしてきたつもりであります。ぜひわかっていただければと思います。

●公有地化で景観保全

条例は条例として守っていかなければならないのですが、そのこととあわせていろいろな施策をしてきました。まずW坂があります。本多町から南に向かって犀川にかかる桜橋を渡った所に、寺町台へ上がる石段の坂がある。これをW坂といい、Wの字を横にすると、くねくねと九十九折《つづらおり》に曲がっている形になる。W坂という名前をつけたのは、昔の四高《しこう》（旧制第四高等学校、現金沢大学）の学生といわれております。

寺町台の石垣と、台地の上に緑がありますが、大事な景観です。ところが、桜橋の橋を渡った左岸の所に建物がありました。そうすると、犀川の右岸から見る

犀川右岸の桜橋付近から修景された左岸を望む。

と建物があることでW坂と石垣や緑が見えないのです。この建物がなければスカッと見えてきれいなのにと、かねがね思いがありました。そのうち建物が廃業されて、壊すことの了解を得て、市がその土地を購入し整備しました。そうするとW坂はスカッと見えるようになりました。

井上靖という作家がいます。井上先生は四高の出身です。勉強もしなければならん、柔道もしなければならん、そしてこのW坂を上がるのが辛かったと小説の中にも出てくるのであります。

もうひとつ、W坂の左側の崖下にあった料理屋さんの建物と土地も買うことができ、緑地になりました。石垣や坂が対岸から望見できるようになりました。こんなに景観が変わるものかと思いました。

僕は、前の知事の中西さんとよく話をしたことがありまして、二人の共通した考え方は、景観をよくするには、結局、土地を県が買うか市が買うしかないということ。公有地化をして、きれいな景観をつくるのが一番、こういうことであります。

東京へいって、国会議事堂の前にたつと、議事堂の裏に高い建物が建っている。僕は「あの底地を東京都が買えばあんなことにならなかったのではないです

か」といいたいくらいです。財政の制約はありますが、公有地化することは極め
て大事なことだといいたいのです。よく「市長は小さい土地を買って木を植える
が、植木屋の回し者ではないか」といわれたほどですが、「回し者」といわれて
も別段意に介することはありませんでした。

9　まちの名前と歴史

●情景が目に浮かぶまちの名前

山出■　1962（昭和37）年なのですが「住居表示に関する法律」が施行になりました。これは有体《ありてい》に申し上げて郵便配達に便利なように、特にアメリカの考え方を入れてできた法律です。アメリカへいくと分かりやすく番号が振ってあって郵便配達に便利だと。この考え方で道路に沿って、あるいは街区をつくって、順番に何番何号と住居に番号を振ったわけです。

番号を打って、その過程でまちの区割りを変えると、昔からの町名も変えないといけない。こんなことがありまして旧町名が消えていったのです。

京都は碁盤の目のようなまちになっていますので、住居表示ということには無関係でした。その他の日本のまちについては、国は法律までつくって進めたのです。

僕は残念なことをしたと思いますのは、そのときいいまちの名前がなくなりました。寺町へいきますと茶畠《ちゃばたけ》、桃畠《ももばたけ》、桜畠《さくらばたけ》とか、小立野《こだつの》台を降りると一本松、藤棚や桜町、銀杏町《ぎんなんちょう》とか。本当に当時の風景が目に浮かぶような、そういう町名があったわけです。風景を表していたことは間違いない。

　もうひとつは、そこに住んでいる人の生業を示していた。味噌蔵町。味噌屋さんの蔵がたくさんあった。大工町《だいくまち》、百姓町《ひゃくしょうまち》、桶町《おけちょう》、塩屋町《しおやまち》。そういう町名ですと、どんな人が住んでいたかが分かるわけですね。そういう歴史というものを切り捨ててしまった。これは、僕は失敗だったなという気持ちが強くあります。

　サムライの社会の状況を示した、そういう町名がある。例えば伝馬町《てんままち》、備中《びっちゅう》町《まち》。それから人の名前を付けまして助九郎町《すけくろうまち》、又五郎町《またごろうちょう》とか。これはサムライの名前なのです。母衣町《ほろまち》というのは、サムライの母衣衆《ほろしゅう》が住んでいた。お隣は主計《かずえ》町《まち》。これは富田主計《とだかずえ》*40というサムライの屋敷のあったところ。こういう町名もなくしたわけです。当時の歴史が分かったのにという思いがありました。

　これを元へ戻したいと思いまして。ところが、こういうこと（住居表示）を国が推奨してやったわけですから、国がどういうかというのが気になります。国はどう受け止めるか、実は内々に打診をしてみたわけです。僕の知ったある偉い人が総務省にいましたので、そこへいって「どうかね」といったら「いいやない」というから、「よし、それじゃやろう」と取り掛かったのです。

*40　加賀藩士・富田主計重家。禄高1万石余の人持組頭で、宇喜多秀家の息女（前田利家の孫・豪姫の子）を室とし、元和4（1618）年に没したとされる。

*41　金沢市の後に続いて、大分県豊後高田市、長崎県長崎市、埼玉県鴻巣市、富山県高岡市で同様の旧町名復活の事例がある。

●旧町名復活

元の町名へ戻そうとしたって、もうそのときは住居表示の実施から50年も経っていまして「なぜいまさらそういうことをするのか」という声が出ました。

母衣町は復活に反対して諦めざるを得ませんでした。なかなか難しい。主計町は料亭組合もあってみんな仲いいんですわ。世帯の数も少ないから、分かったということになって、復活ができたのです。戦略もありまして、小さいところからやったわけです。主計町は小さかったから、第1号でした。それから、飛梅町《とびうめちょう》ですけど、これは兼六園の近く。ここも世帯数が少ないからと思ってやったのです。そして段々広げていって、ようやく11のまちで町名が戻りました。

僕は市長会の仕事をしていまして、他の市も金沢市がそういうことをしておるということが分かるわけですから、ぜひうちでも元へ戻したいという市長はいました。甲府であるとか、仙台もそういうことをいいました。しかし、できません。*41

金沢では今日まで11のまちで復活できたが、なかなか難しい。難しい事情は「なぜいまさら」ということなのですが、例えば表札を変えないといけない。商売屋さんは封筒の住所名を元へまた戻すということになったら封筒を替えるためのお金が要る。市が個人個人にお金を出すことはできないから、それなら町会単位に補助金を出しましょうという仕組みもつくりました。

●まちの名前とまちの意識

こんなことで元の町名に幾つか戻りました。戻したことによって、いいことになっているのかといわれますと、私はそれなりによかったと思っております。主計町も元へ戻って、お茶屋の商売をするのに役立ちますし、主計町は泉鏡花《いずみきょうか》＊42との関係もありますので、鏡花でまちを発信できます。袋町《ふくろまち》という町があるのですけれど、復活を機会に朝市ができたり、並木町という旧町名が復活しましたら、それじゃあみんなで浅野川をきれいにしようという運動が生まれたり、そういう新しい動きも出てきたわけです。

何でこんな物好きなことをしたのかということなのですが、僕は政治というものはロマンがなきゃだめだと絶えず思っておるのです。そのロマンというのは、私たちが住んでいるまちはこんないわれのあるまちでしたよと。富田主計というサムライの屋敷があったまちだとか。私のまちは並木町という、こんなきれいな風景を表していたまちだとか。そういうまちに住んでいることは誇り高いよね、

＊42　小説家（1873-1939年）。金沢市下新町生れ。浪漫と幻想の世界を得意とし、戯曲や俳句も手がけた。作品の中でたびたび往時の主計町が登場する。

幸せやわねと。だから、これからお互いに仲良くして、いいまちづくりをしていきましょうよと。こういうことにつながっていったら大変いい、まあロマンみたいなことがあるわけです。

同時に、僕はずっとお話をしてきましたとおり、文化的景観ということと旧町名をどうしても絡めたい。並木町とか、こういう町名というものは、やはりひとつの景色を表しておるわけで。だからいま金沢がしなきゃならないことは、文化的景観を大切にして、そして美しいまちをつくり上げておくこと。国際化していくときには、これが絶対の条件だと僕は思っておるのです。

私どもが住んでいたまちは、こんないわれがあったり、きれいなまちやったんやね、生業を示していたねと。そんな誇らしいまちなら、文化的景観を大切にして守っていって、そしてこの金沢というまちを世界にアピールしていったらいいのではないか。このことにいささか役立つとしたらいい、それが旧町名を復活したひとつの理由なのです。

歴史と文化を捨てたらいいまちにはなれないと僕は思っておるのです。金石《かないわ》なんていうまちは港町。ああいうところの町名というのは銭屋五兵衛《ぜにやごへえ》*43の時代の様子を残していた。金石には御塩蔵町《おしおくらまち》、鉄砲町、御船町《おふねまち》、新潟町といった町名があっ

*43　江戸時代末期の金沢の商人・海運業者（1773-1852年）。北前船を駆使し「海の豪商」「海の百万石」と呼ばれた。

た。それをなくした。

　市内で旧町名をなくしてどんなまちをつくったか。平和町、幸町、緑ヶ丘、東山何丁目。東山という町名は全国のあちこちで付けておる。そういうことについて大変関心を持っておられるのは、泉鏡花文学賞選考委員の嵐山光三郎という作家。この先生が、ある本に書いていました。よそのまちの市長は「金沢市長をまねしてみい」と。

10　ストーリーのあるまちづくり【トークセッション5】

●まちづくりには物語がいる

大樋■文化的景観は私にとっても大事なことです。友禅流し、雪吊りは過去からいままで続いて、景観になりました。また、茶会も多くの数寄者《すきしゃ》によって、様々な工芸品が用いられ、繰り返されたことが、ひとつの金沢の景観となりました。最近はじまったことで、将来、景観になると予測されるものは何でしょうか。

山出■文化的景観というのは古いことだけではないと僕は思っているのです。国もそう考えていまして、金沢市は文化的景観地の選定を受けました。それはエリアがあって、そのエリアの中には卯辰山とお城の跡と城下が入りますが、金沢21世紀美術館も卯辰山工芸工房もそこにあります。2つの施設も文化的景観地の中に入るという認識でいます。文化的景観という概念は、新しい景観をつくっていく意味も含めて期待しているように思いますので、単に過去からの雪吊りとかお茶会だけをいっているのではないと、そう僕は思っています。

　ですから金沢21世紀美術館を使って、そこに新たな美術工芸活動が展開されて

＊44　鈴木大拙は、日本の禅文化を海外に広く知らしめた仏教哲学者（1870−1966年）。鈴木大拙館は、大拙生誕地近くの金沢市本多町に2011（平成23）年に開設された文化施設である。建物は国際的な建築家である谷口吉生氏（父は100ページに登場した谷口吉郎）により、大拙を「知る」「学ぶ」だけでなく、思索空間で「考える」をコンセプトに設計されている。

*45　1999年に金沢市下新町に開館した泉鏡花に関する金沢市立の文学館。泉鏡花の生家跡に建てられている。

*46　室生犀星。詩人・小説家（1889−1962年）。金沢市生まれ。抒情詩『愛の詩集』『抒情小曲集』や、小説「あにいもうと」や「杏つ子」「かげろふの日記遺文」などの代表作がある。

*47　徳田秋聲。小説家（1871−1943年）。金沢市生まれ。日本の自然主義文学の代表的作家であり、庶民の生活に密着した作風を特徴とする。徳田秋聲、泉鏡花、室生犀星の3人で、「金沢の三文豪」と呼ばれる。

いる、それも景観の中に含めていいと僕は思っています。また、国がそういうことを期待してそのエリアの中に美術館も入れ、卯辰山工芸工房も入れたんだろうと思っていまして、そこには文化的景観の新しい意味を見つけたいのです。

原始的な棚田の風景、段々畑の風景とか、あるいは京都の北山杉の林業景観とかだけではないと思っていまして、そういう新しい考え方を文化的景観の中に織り込んできた最初が僕は金沢だなと、こんな認識なのです。

浦■金沢の文化施設は、鈴木《すずき》大拙《だいせつ》館*44にしても、泉鏡花記念館*45にしても生誕地の近くに建っていますよね。それに比べ、例えば伊勢の「おかげ横丁」とか、九州の由布院、倉敷の中心部のまちづくりは、施設や店をまちの特定の場所に集中させる傾向があると思います。金沢のように生誕地の近くに公共施設をつくる手法を日本の中ではあまりみません。山出さんが参考にされた事例が国内外にあるのか、それともオリジナルなのか、そこにどういう思いがあるのかを教えて下さい。

山出■僕は、何かを参考にしたわけではありません。しかし、何かをつくるときには縁とかゆかりは考えますね。鏡花が生まれたところ、犀星《さいせい》*46が育ったところ、秋聲《しゅうせい》*47が暮らして住んだところ。そういうゆかりとか縁をまず大事に考えないといけないのではないかなと。

＊48　金箔職人であった安江孝明氏（1898–1997年）が、金箔にちなむ美術品や道具類を収集したものを北安江の金箔工芸館で展示していたが、その後、金沢市に寄贈された。国内唯一の金箔の博物館であり、2010（平成22）年に東山に移転するとともに、金沢箔技術振興研究所が併設され、金沢箔振興にも取り組んでいる。

僕にしてみるとやっぱりストーリーがないとまちづくりはだめだと思います。例えば安江金箔工芸館＊48は駅の西側にあった。ビルの谷間に埋まっていたわけです。安江家は箔屋さん。金沢の金箔はそんな駅の西側で興ったわけではない。犀川縁《べり》と浅野川縁に箔屋さんがたくさんいた。浅野川縁では材木校下、馬場校下、森山校下、浅野校下で、浅野川の天神橋の上流から下流にかけて職人が住んで金箔をつくって貼っていたわけ。だから金箔工芸館を馬場小学校の近くにつくったのです。

僕は縁もゆかりもないところへ施設を持っていこうとは思わない。どこで育った人やったかな、小学校はどこやったかな、氏神さんはどこやった、菩提寺はどこや、そんなことを気にします。やはり施設をつくる背景というのはあるよね。そこに物語が生まれてくる。

コンセプトとかストーリー、そういうものをつくってやらないと意味がない。どうあるべきか何をしようかという議論が大事。そういう議論ができる人の数を増やすことがいいまちをつくる契機になると、僕はそう思う。

●金沢の地形と情景

中村■まちの中にちょっとした歴史や憩いの空間があるのも物語的ですね。地元をたずねてくださる人たちに、僕はいつも自慢しているのですが、街なかのいたるところに小公園がありますね。あれはもう絶対、自慢できるものだと思うのです。

川崎■このあいだ、京都と金沢の違いの話がありましたが、私は「金沢スケール」という言葉を使っていまして、もちろんエリアの大きさのスケールもそうなのですけれど、結果的にそれが生んだ人間関係の距離感みたいなスケールも非常に近しいところにあるような気がするのです。２つの川に挟まれた中にまちがあって、武家だけではなく職人さんも含めて賑々《にぎにぎ》しく生活されていたんだと思うのです。

僕が初めてこの金沢にきたときにお祭りをやっていまして。梅がちょうど咲いていた。お祭りのときに梅の花が咲いていてみんなが喜んでいる、ひとつのお家のご紋（梅鉢）にみんなが寄り添って楽しんでいる姿というのは、僕の感覚からいうとちょっと驚きなんですね。他のまちでは考えられない。そうすると、そういうことすべてにおいてのスケール感や人とのつながりを含めて、基本的に金沢という「らしさ」がいいまちにしていると思うのです。

モリ川 金沢がいいのは坂がいっぱいあることです。坂はほとんどが昔の名前で残っている。帰厚坂《きこうざか》、子来坂《こらいざか》、大乗寺坂《だいじょうじざか》、御参詣坂《ごさんけいさか》とか。子どもの頃から何だこれって、と思っていました。これは何かあるなと引っ掛かることがいっぱいあるまちです。用水の名前もそうです。ずっと残っていることは金沢の本当に財産だと思います。

山出 僕もそのとおりだと思っています。金沢というまちの地形はでこぼこで、ひだがある。3つの台地があって、2つの川が流れている。そして2つの川から用水がひかれて、街なかを巡っておる。これが金沢だといいたい。

金沢に何があるかといったら、僕は緑と水があるといいたい。だから、緑を大事にしなきゃいけないし、水を大事にしなきゃいけない。緑と水というのは金沢らしさのエレメントだと、僕はそう思っておるわけ。

坂は大事やね。歴史がある。帰厚坂の帰厚は「殿様の厚き徳に帰する」という意味だわね。石屋がいたから石伐坂《いしきりざか》。上がったところに石屋がいた。馬坂《うまさか》、うぐいす坂もある。

大乗寺坂は坂の下に大乗寺という寺があった。子来坂、御参詣坂、天神坂、鶴舞坂、亀坂《がめざか》、善光寺坂、観音坂。町名に面白い名がありますが、坂の名前の背景にも歴史と文化がある。いやあ、面白いまちです。

モリ川■金沢は年中雨ばかりで冬は寒い、こんな天気の酷《ひど》いところはない…という思い込み、誤解があります。しかし、金沢と東京を往復する生活をおくっていると、そうではない感じがします。

確かに冬だけは圧倒的に東京が晴れていますが、気象庁統計を調べると、過去30年間の金沢の年間の平均日照時間は東京の9割もあります。冬にあれだけ曇天なのに東京の9割ということは、春から秋にかけては金沢の方が日照時間が長いわけで。そもそも日照計では曖昧な晴れはカウントされにくい。金沢特有のふわっと晴れてザッと雨が降る、目まぐるしい回り舞台のような空模様での「晴れ」は認識されない。つまりそんな日照も含めると、実際は東京の9割以上の日照と考えていいと思います。雨が多くて日照があるということは、降った雨で濡れたまちがキラキラと光ることや香りが立つことが多いということです。

また、金沢は実は寒くない。最低気温があまり下がらない。調べてみると最低気温と日照時間の推移は島根県松江市とほぼ同じです。雨は多いけれど日照も決して少ないわけではなく、そして底冷えも凍結もなく…乱暴な言い方をすれば日本列島全体の半分弱くらいは金沢よりも冬の平均最低気温は低いのです。

まち全体に雨の釉薬《ゆうやく》がかかって艶《つや》を帯び、雨上がりの空が多く出現し、香り立つ機会が多い。旧市街自体が広大な庭園で野外美術館、鑑賞対象であり、個々の感性で道端の美を発見できるまちです。日常の中で否応なく感性が磨かれ独特の高度で繊細な文化が発達してきたこの地の、細やかにダイナミックに移り変わる美や趣きを連続する流れにして表現すること、つまり作品化することで、僕は今の金沢の美しさを広く知らしめていきたい。

11　金沢流の景観づくり【トークセッション6】

●屋外広告物の規制

角谷■屋外広告の審査について話をします。金沢市は約20年前に屋外広告物審査会を他の都市に先駆けて始めました。これはどこの都市でも行われていないやり方です。

金沢駅前に立ったときに、みなさんは当たり前と思っているかもしれませんが、駅前の景色の中に、ほとんど広告物がありません。どの都市にいってもそんな場所はないはずです。これは施策が積み重なっているからだけではなくて、金沢市民の想いが脈々と息づいているからではないかなと、審査会に15年ぐらい関わらせていただいてそう思います。

制度面での屋外広告物審査会は他の都市にもありますが、年に何回か集まって協議する程度で、実際に運用しているのは金沢市だけではないかなと思います。

これまでの経緯をお話すると、１９９０（平成２）年から独自基準の検討を開始し、１９９３（平成５）年に屋外広告物審査会が立ち上がって実際に運用が始まりました。2009（平成21）年に全国的に屋外広告物の施策と制度がかわってきました。そこで金沢市でも全面的に見直しをしています。

金沢市屋外広告物審査会は、金沢市の条例で屋外広告の規模や安全性、意匠などを専門的に審議する機関となっています。たぶん金沢市民の理解があるからできるのかなと思いますが、ユニークなのは専門的な知識を持った人として、石川県屋外広告業協同組合や石川県屋外広告士会など関係団体を代表するような人たちも入っているのです。実際に屋外広告を設計して、施工して、取り付け工事をするそんな人たちも入っています。2013（平成25）年現在は学識者が7名で、業界団体が5名という構成で、毎週会議が行われています。審査会は毎年平均40回前後、2012（平成24）年度までに累計800回程度開催されています。1回に複数の物件が、しかも何度も審査されるので、提出された物件の審査回数でいうと、約2800回に上ります。

1990（平成2）年の創設当初は、屋外広告の規制では規模、大きさ、色彩の基準を設けることが議論されました。当初はこうした基準を大幅に厳しくする案が市側から出されまして、それに対する業界の意見は、数字だけでは決められない、そのような方法ではなくて、専門的な人が集まって、意見交換する中で、適切なものを導いていこうというものでした。そういう経緯があって一同に集まって協議するということになりました。

審査会ではデザインそのものを審査する中で、いろんな視点で意見を出し合っています。審査会は1回ではなく、多い時は2、3回討議を重ねます。クライアントとデザイナーも交えて協議をする場合もあります。このようなことを積み重ねることによって町並みはできてくるので、疎かにはできないわけです。

●ラッピングバスの事例

ひとつわかりやすい事例として、これまで5年ぐらい関わっているのですが、ラッピングバスを取り上げます。みなさんもまちの中で見られていると思うのですが、言ってみたら動く広告塔のようなものです。現在は12台ぐらいが走っています。ラッピングバスを走らせるということに関しては、時代の流れもありますし、バス業者や、広告を出す側の立場もあって、避けて通れないので、そのラッピングバスをどのような形状で街なかを走らせるか。

現在は、次のような規定になりました。白をベースに、そこに1クライアントだけを入れて、派手な色は使わず全体の50％ほど白の面積を入れるなどの基準を設けて進めるということに決まりました。これも、第1期、第2期を合わせて4年間ほど実証実験を行っているのです。

2008（平成20）年から2年間ぐらい実証実験をしました。ある時は色彩の制限を行わない、彩度は4以下とか。これはあくまで基準だけなので、実際に施工してバスの場合だと走らせてみないとわからない。その他には、明度に制限は設けないが、景観に配慮するとか。この文言に関してはどこのまちにいってもそのように規則に書いてありますが、実際には配慮ができていないからこそ審査会があるわけです。一般市民へのアンケート調査で一番人気だったのは、コカ・コーラのラッピングですね。白の背景に1クライアントいれるという。これはコカ・コーラというロゴマークやアイデンティティがしっかりしているのでわかりやすいのですが、地元の企業なども入ってくるとそんなに単純なことではないです。

その後2010（平成22）年からが実証実験の第2期になります。ここで学んだのは、彩度制限をやめようと。彩度4以下といっても伝わりにくいのでそれを取っ払って、審査会で審査をした上で決めていこうということになりました。ここではいろいろな反省もあって、派手な色が出てきたり、市民の目からしたらおかしいねという意見も出てきて、実施している側の意見だけではなく、市民の意見や見識なども景観に表れていると思います。現在は、実証実験の4年間が終わって、2013年10月から新しく走行しているものが今の審査会の条件にあったものだと思っていただければよいです。

他の事例では、山出さんのお話でもあった、高速道路から中心市街地に向かうときの景観はどこのまちでも同じで味気ないので、これを変えていくために、つながりで景観を考えていく取り組みが始まっています。いまは3カ所がモデルケースになっています。少しずつ変わってきて、大きなサインや看板が減っています。これは市や審議会、関連団体だけでなく、住んでいらっしゃる方も一緒に協力いただいて、日常の点検をして、いろいろと難しいところをクリアして実現していっています。

金沢では一般市民の理解を得て、こういう活動が約20年続いています。これは市や専門家だけでやっているのではなく、一般市民の理解も欠かせません。毎回いろんな案件が入ってきて、それを審査会でも検討した上でこういう活動が約20年間続いているのです。いろんな都市の事例を調査したり、実地に赴いて取材もしたのですが、京都ですら実際、こういう審査会はないのです。私が把握しているのは、大阪市が月に1回ぐらい電話連絡でいろんな専門家の話を聞くという説明を受けたことがあるのですが、それ以外は、ほとんどは条例での基準だけで取り締まっています。

●アウトサイダーをどうするか

山出■広告についての問題は、文字の大きさ、太さ、色彩、それから色の配分など、看板の中で赤であれ黒であれどんな色であれ、どれだけの面積を占めるか。広告は景観に大きくかかわりますので、こういうことについてきめ細かくやって、そして厳しくやるということでないと良いまちにならないとかねがね思っています。

現実問題でいいますと、アウトサイダーにどう対処するかにつきると思っています。金沢市域の広告界の組合は協力的なんです。市の基準を守らなければいけないという方向に確実に進んでいますけれど、問題は心ない一部のアウトサイダーであって、組合に入っていないもの。これに厳しくしていかなくてはいけない。現場をとらえてその元がどこにあるかということまで追及しないと、きれいなまちにならないと思っています。

きめ細かくやること、そして公正にやること。いい加減なものを認めておったら、真面目な人が損をしますんでね。これは審議会以上に行政の責任ということになります。最後にはアウトサイダーをどう指導できるか。これがすべてだと思っています。

角谷 アウトサイダーについての話ですが、美しく保っていれば、アウトサイダーなものはすぐに明らかになりますよね。そうすると市民の目線に入ってきて、すぐに指摘されることになるので、みんなで監視するということ。日常で把握しておけば、それは防げるのではないかと思います。

モリ川 浅野川河畔駐車場のゲートポールが数年前までは白色と茶色のストライプだったのに、一度それが折れて、しばらくすると白と朱色の一般的なものに戻ったんですが、苦情があって変わってしまったのでしょうか? あれが残念でならなくて。あれが茶色と白色なのはすごいなと、金沢らしい細部へのこだわりだな、と感心していたのですが。

角谷 細かな場所についてまでは把握していないこともあるのですが、そういうのはいろいろとお聞かせいただいて、確認はします。モリ川さんのように、そういう視点で見てもらうとまちは変わっていくわけですね。金沢には、そういう人がたくさんいるわけです。

山出 僕が色の配分の話をしたのは、簡単にいうと、スペースの中でその色がどれだけの面積を占めるかで、ものすごく違うよね。色の強さとか色そのものの議論に加えて、どれくらいの面積を占めるかという議論も極めて大事だと。色のあり方についてきめ細やかな基準をつくったり、それにあわせて市民の感性を磨いていくということをしないと、いいまちにならない。

心ない一部の業者の方々にはルールを守ってほしいね。また、違反を見つけないといけない。そういう意味では行政が感性、理性、そして意志をもつ。強い意志をどうやって出せるか。市民の責任も大きいと思う。

●何もないという基準

山出■僕は、何もないということがいかに大事かということをいいたい。どういうことかというと、街なかにサインがないのは不便だとか、お客さんに不親切だという言い方がされる。しかし、私はサインが少ないことが良いと思う。

街なかを歩いていて、2、3人がマップをだして、「兼六園はこっちちか」「浅野川はあっちか」と話し合っているわね。あれが良いのであって、サインどおりに動けるようにするのは便利であっても金沢が墓標のまちみたいになっては困ります。少々の不便も良いのではないか、こういう視点も強調しないと。

横山　さきほどのようなお話こそが、ほんものの屋外広告物設置のガイドラインとなるのではないかと思いながらお話を聞いていました。時代とともに屋外看板の設置基準も審議する内容は変わっていくと思うのですが、数値ではなかなかガイドラインを決めにくいんだという話もありました。時代の流れでここぐらいは許せるのではないかなどいろんな基準の移り変わりがある中で、それをどんなふうに整理されているのかを教えていただきたいのですが。

角谷　例えば、何か屋外広告の案件があったとしたら、レイアウトを変えるなど改善のアイディアを審査会で協議します。レイアウトを変えると美しく見やすいものになるなど、こちらから逆提案をいくつもしていきます。特に留意しているのはスケール感で、いまは印刷技術やデジタル技術が発達したので、手のひらぐらいの小さなものを大きくしたりするという表現が山ほど出てきています。実はスケールにあわせたものをどうやって表現していくかが屋外広告の中では本当に大事なのです。またそのような専門的な人がだんだんいなくなってきているので、そのかわりを審査会でやっています。

山出　本当にきめの細かいやり取りをやってもらっています。僕はね、金沢美術工芸大学があることの意味はここにもあると思っています。

12 自制の論理【トークセッション7】

●観光に負の部分

高山 北陸新幹線金沢開業で観光客がたくさんやってくるという期待が大きいですが、山出さんは観光という言葉が嫌いだと聞きました。

山出 観光については、負の部分をいいたいのです。そのために旅館や交通機関はどうあるべきか。日本に呼ぶかという視点だけです。国の議論は観光客をいかに誘客はどうするか。こういう戦術論ばかりではいかがなものか。僕は、観光の負の部分について触れる人が少ないことをおかしいと思ってきた一人なのです。

観光はプラスだけではありませんで、マイナス、負の部分はたくさんあると考えています。北陸新幹線が金沢まで開業したときに、心ない外部資本が入ってきて、このまちの文化や景観を壊されてはかないません。ここは行政と経済界がしっかりとスクラムを組んで、抑止する立場に立つことが大事だということを、僕はいいたい。

観光を軽視するからこういうことをいうのではありません。観光を大事にしたいのです。観光を長続きさせたいがゆえだと思ってほしいのです。みなさん方も例えば白川郷について調べてみてください。白川郷で駐車場の扱いが最近問題になりまして、集落内の駐車場をやめました。私は、合掌造りの建物は周囲に田んぼがあって、稲が育って、そんな状況ではじめて合掌造りの建物が映えるんだと思います。駐車場の横に合掌造りがあったって映えるはずがありません。そこをちゃんと考えてほしいと思うわけです。

●自制するということ

山出■観光を大事にするがゆえに、観光には節度があってほしい。人の家を覗くような態度で、ひがしのお茶屋をまわってもらうと困るのです。なかに人の暮らしがあるのですから、観《み》る人に節度がなければいけないと思っています。また、看板は目立ちさえすればよい、それもだめです。観せる側にも節度がほしいと思います。

僕はそういうことに対して「自制の論理」が必要といいます。「制御の論理」といってもいい。金沢に観光でくる人、観光客を迎える側のいずれも「自分さえよければ」という考え方ではいけないと強調したいのです。

北陸新幹線の金沢開業後、大勢の観光客で混み合うひがし茶屋街（2015年6月）

『金沢の気骨』に「金沢は観光都市と呼ばれたくない」と書きました。随分と乱暴な言い方かもしれません。しかし、僕は観光を大事にしたいから、観光都市と呼ばれたくないというのです。どうでもよければ、こんな言い方はしません。金沢のまちが大事ですし、観光を仕事にする人もたくさんいますので、観光が持続してほしい。そのためにこそ自らを抑えるという自制の論理を強めないとだめですよと、こういいたいのであります。

浅田■私の家業は料理屋ですが、これから新幹線がきて、東京や全国の資本の飲食店が出てくるんだろうなと思います。私達の飲み放題プランの中で使うお酒は地元のお酒ですが、そのことをあえて謳《うた》ったりしていません。全国資本で出てくるお店は、どんな方がつくったかわからないお酒で価格競争でやってくると思うのです。これに立ち向かうものは、ルールなのでしょうか、品格なのでしょうか。

山出■自由競争の時代に縛るのは大変難しいことです。同じ業界や経済界全体で、そういうことの意思疎通をはかることが大事だと思います。ひがしの茶屋街でまちづくり協定を結びました（2003年締結、2014年一部変更）。そこに市長が立ち会いました。僕はこれは大事にしたいと思います。そこには、店の前に自販機は出さない、また地元の産品以外は売らないと書いてあるのです。ひがしの茶屋街の中で東京や大阪のお菓子を売ったら困ると、そういう約束事を地区で交わしています。これは自発的にお願いをしているわけなのですが、観光を持続させるためにも、それぐらいのことをしないといけないと思っているのです。

●道端の美

モリ川■「日本人は美術館を建てて美を愛でることは知ってるが、道端の美を知らない」という言葉があります。僕は東京都の杉並区に住んでいて、好きな公園があったのですが、ある日園内に「スケボー禁止」と書きなぐった看板が3つ出現して、そもそもこの看板が禁止だろうと感じました。この近隣ではスケボーに乗る人がいて、それがうるさくて住民の方がこの看板を立てたのだろうけど、行政が丁寧に整えた素敵な景観も民間レベルで簡単に台無しにしてしまう。

金沢についていえば素敵な美術館や記念館があることはご存知の通り。道端の美ということについては、おかしな看板がないのは当然として、早朝の浅野川大橋でおじいさんが歩道に張り付いたガムを一人で黙々と剥《は》がしていたり、浅野川を清掃する女性グループや大手堀を掃除する町内会など、義務でも誰にいわれたわけでもないのに、自分からやっている。これは、普段歩いているところに美を意識しているからだと思います。ゴミがあれば拾うのは当たり前、そういう気持ちが普通にあるまちだなと思っています。

行政もいろいろ施策を講じていて、去年浅野川沿いの街灯の色が桜の花の補色になっていることに気付きました。あちこちにかなり濃い茶色が使われていて、この色はいいなと思っていたら、桜の木の幹の色だと気付いた。この色は茶屋街のカーブミラーの裏側にまで塗られていて、細やかな配慮を感じます。そもそもアチコチの坂、橋、遊歩道などをこつこつと10数年の歳月をかけセンスよく修繕改修し景観を整えてきたのはホントに素晴らしい。

●地域の景観を守る方法

佐無田■日本では土地の私有財産権が非常に強いです。金沢の景観条例は基本的には宣言条例です。こんな宣言条例みたいなものでいったいどうやって景観を守れるのか、ということを調べて論文に書いたことがあります。

東京都国立市の都市景観形成条例なんかでは、イチョウ並木を超えるマンションをつくろうとする事業者がいて、それを条例違反ということで行政指導したら、逆にマンション業者から営業妨害として訴えられて国立市のほうが負けてしまったというように、条例レベルで規制しようとしてもなかなかできないのが日本の実態です。

金沢の場合は、市はこういう景観を目指していくという文章があり、景観審議会でチェックがかけられます。こういうプロセスを経たとしても、私有財産を持つ人の自由は法律上認められる恐れがあるのです。

ですが、そういう好き勝手なことをやってしまうと、この地域では他の人から見られる目が厳しくなりますし、東京からきた事業者も、金沢の経済界で評判が悪くなると、なかなか事業をやりにくい。地域の皆が共有している雰囲気の中で、事業者にせよ、それぞれが自制をしていかざるをえないような状況のもとで、この宣言条例が機能しているのではないかと思います。

山出■僕は条例には限界はあると思います。しかし先ほど申し上げたとおり、宣言条例はないよりはあってよかったと思っています。

制度上は、法律があり、条例は法律の下位であり、同じく地方自治体でつくる規則があります。景観法という法律の下に景観条例がありますが、景観法の中に「細かな部分は条例にまかせる」という条文を付けてほしいと。国の権限と一緒のものを地方におろしてほしい、そうすれば条例が強くなると。それを法律で書いてほしいと。大事なのはここなのです。

しかし、そこまで国会のチェックや配慮がありません。だからだめなのです。ここが僕は仕組みの上では基本的な問題だろうと。地方分権の議論だと思っているのです。

そうして、この仕組みを除けば、なんとなく金沢市民の中に自己規制がいきわたっていて、そこに抑止力が働いているかもしれませんが、これも大事だと思いますし、究極には僕は景観の問題とは一人ひとりの意識の問題だと思います。こういう意識を高めていかなければならない。そういう意味で金沢美術工芸大学の先生のご指導がいるわけです。市民一人ひとりが美的感覚を持つと、そういうことにならないといけない。

もうひとつ加えたいことは、皆がまちの景観をつくっていくのだと。景観というのは公共財産ではないですかと。単なる個人のものではないのですよと。そういう意識が広まっていかないといけないのです。

そういう意味ではコミュニティ施策は大事だと思います。僕のいうコミュニティ施策というのは、市民のサイドからのものですね。上から教えるということではなく、皆で守っていかないといけないよと。そういう意識づくり、ひいては人づくりのための施策なのです。

●多様性とまちのルール

神崎■景観に関する議論の中で、開発による景観破壊を抑制する手段として、市が土地を直接購入してくことが有効だというお話と、コミュニティが機能することで街なかの景観が守られるというお話がありました。行政やコミュニティの力が、金沢のまちを守るために有効な規制として機能する一方で、強すぎると自由な活動が制約され、保守的・排他的になるといった問題につながりかねないのでは、と思いました。

これまでのお話で、多様性が都市の中で大切だとおっしゃっていましたが、私は、多様性が生まれる環境とは、自由に多様なアクターが活動できる環境ではないかと思っています。山出さんご自身は、革新の風をおこしたり、新しいものの取り入れていくことを積極的になさっていらっしゃいましたし、金沢21世紀美術館のように新たな多様性を生み出すようなものもつくられています。これを取り入れよう、これはやめておこうといった、受け入れるものと拒むものとの、何らかの判断軸がもしあればおうかがいしたいです。

山出■僕は基本に忠実でありたいと常に思います。その逆をいえば、奇をてらったらだめだなと。珍しいことをして喜ばれて、得意になる人もいるけれど、それはだめだなと。基本に忠実に常に原点に帰らなきゃいけないと思います。そういうときの価値とは、学術と文化に支えられているものだろうね。そんな意味で僕は学術と文化を絶対に大切にしないといけないと思う。個人の恣意や好き嫌いではだめだし、突飛なものもだめ、皆が納得する中でやはり本質・本来・根本のものを守ることが筋だと思います。

新しいものを取り入れていく議論ですが、僕は伝統が大事だと思う。伝統にプラスアルファですね。そしてこのプラスアルファの中身が大事だと思いますし、同時に、金沢の場合は全体として周辺との調和を考えないと、新しさはできないと思っている。単に新しさを加えるだけではなしに、周辺との調和を考えないと新しさは新しさでなくなると思います。

川崎■山出さんのように、コミュニティや美意識の代弁者、文化人や識者という人たちが声を大きくして代弁することが必要だと思います。パリでも京都でも大学教授や文化人が大論争を戦わせますが、それが表面化していくときに、そこで意見が分かれるときもある。分かれても真剣に議論し、意見交換をしながら、な

*49　街路や広場などに面する建物の正面部分のこと。建物のいわば顔としての役割を持つ。

にかそのときそのときの収束するところに落ち着くと、そういう気がしています。法体系とコミュニティと、そういう代弁者を育てていくべきと思っています。

山出■多様性を認めながらも、そこにやっぱりルールを皆でつくっていかないといけない。僕は多様性を認めないとまちは元気にはならないと思っている一人で、いろんなものが混ざることで、まちは元気になると思いますけれど、それは単に雑然とやっていいということとは違うわね。ルールとか統一された方針が要りますが、それをつくっていくのは究極には一人ひとりの市民です。

所■私は香林坊地区のホテルの立ち上げに金沢にきた者なのですが、金沢についてはコミュニティや美意識、景観を守るまちだという印象を持っています。商業建築は他との差別化を図るために目立ったもの勝ちなのですが、今回ホテルの立ち上げに関しては、私どもにとっては非常に良い壁が立ちはだかったと思っています。景観の問題について、市だけからではなく、近隣住民の方や商店街の方に、エントランスやファサード*49や看板の色など説明を受けて、非常に良い議論ができたし、そこで金沢のまちで守られるべきものが守られたと思います。金沢の人にはまだまだ良い意識、つまりバリアがあるなと感じました。

山出■そのバリアを緩めてはならないと思います。そこは嫌われてもいいからやらないといけない。そこをルーズにすれば、まちはガタガタになってしまう。あなたのホテルはメリットがあるからこそ金沢へやってきたはずですよね。メリットを享受するのであれば、逆に地域のいうことを聞いていくという態度が必要です。そうでないといいまちにならないわね。

13 まちの計画性と多様性【トークセッション8】

●ゾーニングと区分けの考え方

山岸■山出前市長のお話から、区分けの重要性と難しさを教えていただきました。どこに区分けの基準を置くかという議論というのは、物事の本質です。企業では、変えなくてはいけないことと残さなきゃいけないこと、その区分けをするのが経営者の仕事です。区分けの基準が大切だと思って共感を持ちました。市長時代に区分けの基準をどういったところに置いていらっしゃったのかをお聞かせいただければと思います。

山出■僕の区分けの論理は、ゾーニングの議論です。金沢というまちは、お城の周辺が古いものを残していると。また駅から港にかけては新しくつくってきたわけですね。既存の市街地と駅から向こうとは区分けしないといけないよと、それには僕はこの大きなゾーニングの議論をこれからもしっかりしていかなければいけないと思う。

僕は都市工学の専門家でもありませんので、詳しい技術論のことはいえませんけれど、ただね、古い環境や歴史的建造物や構造物が残っている場所は大切にしないといけない。新しい開発はまた違う場所だと。それをごっちゃにしたら、金沢のまちは失くなるよということ。ですから僕のいう区分けとは大きなゾーニングのことです。

それから山岸さんが区分けという言葉を使われたけど、伝統というものと、そして新しいものを付け加えることとをどう考えるか。これは僕のいうゾーニングの議論とは別の考えになるわけで。伝統は大事だけれど、そうかといって伝統をそのまま踏襲するのだったらそれは意味がないので、新しいものを加えなきゃ。それでは新しいものとはどう考えればよいのか。どういう物差しや基準や考え方で、新しいものと古いものとを整理していくか。この議論はしないといけないなと思っている。僕のいう区分けは土地利用のことで、伝統や新しさとは別の議論です。

●都市の郊外化と文化の平準化

秋元■日本の地方都市に多い現象で困った問題ですが、都市機能の郊外化が進んでいる。どこの都市でも程度の差はあれ起きていることだろうと思います。その原因として考えられるのが、道路網の整備と、車社会への移行、官庁・大学などの郊外移転、店舗の郊外展開と消費環境の郊外化、地価が安価で便利な住宅の郊外での建設とそれに伴う生活全般の郊外化です。

こういったことで、だんだん都市の中にあったものが郊外へと移動していく。古くからある都市機能が拡散していって、都市の中心性が失われていく。

古いものが壊されて新しいものがつくられるわけですから、新しく生まれた都市というのは歴史の連続性を失って、どこも同じような姿になります。歴史や文化の集積も薄まって平板化していく。「いま」という時代感しかない、どこにでもあるようなまちになります。

同じような建物、同じような風景という都市の平板化と時代感の喪失は、どこのまちでも起こっています。違いは、消費社会の中で表面だけを加工した「ブランド化」された食と文化だけになってしまう。非常に表層の文化だけになります。

これが大規模に行われているのが東京です。消費社会の中で表層の文化が入れ替わっていく。地方都市の開発もそれに倣《なら》っています。生活も同じです。車中心の生活、また郊外中心の生活がどこでも見られます。それが消費社会で育まれてきた。

他のまちからきた人は「金沢はよく中心街が残っていますね」、「金沢は45万人という都市規模にかかわらず、まちに活力がありますね」といわれる。それでも、そちらへ傾斜しています。

この郊外化した都市の姿を中心部と郊外の住み分け現象と捉えると、中心部に求められるいくつかの要件が出てくる。例えば都市生活を永続的に維持していくだけの活力のある生活基盤をつくっていくこと。また経済効率や利便性といった価値観から脱落する福祉、文化、教育やそれらをつなぐ地域活動といったものを通して、新たな公共空間をつくっていくこと。また他の都市に埋没しない個性の創出や、都市の中心的なシンボル性やランドマーク性を継続的に維持していくこと。また、これが一番大事だと思うのですが、次世代の都市ビジョンの創造と新たな仕組みの実験を積極的にしていくような気概を持つことだと思うのです。

モリ川 私も東京で仕事をしていたときは、マンションで仕事して、終わったら車でレストランへいってというように、点から点へ移動する生活をしていた。それはそれで快適だったけれど、金沢で生まれ育ったことを思い出すと、物足りない感覚がありました。金沢の中心部に住んで徒歩や自転車で暮らす人は、極端なことをいうと瞑想《めいそう》する時間を持つ人だと思います。自分もそれが足りなくて、金沢へ戻ってきて歩いて生活するようになって自分の人生が大きく変わってきました。それを活かしていくことを考えればいいかなと思います。

浦■うちの会社では7～8年前くらいから、毎年1人ぐらい入ってくる新入社員はほとんど街なかに住み、自転車通勤者が増えてきている。以前は郊外に住みたいという人が多かったが、いまは街なかの町家に住みたいという若い人が増えてきたと思う。基礎的コミュニティにおいて、現実的には高齢の方が多い街なかで、彼らがどういった役割を果たしていけるのか。若い人たちが突然入っていって生活することは難しいというか課題だろうと思う。

小津■流動性を持ちながら共同体を志向する人達と、個人主義志向の人達、そこには断絶も生まれ始めています。暮らす場所として、金沢の中心部を選択する人と、郊外を選択する人との違いが明確になってきている。外からくる人は金沢への幻想も抱きながら旧城下町としての中心部を目指すが、一歩郊外へ出ると、ここは金沢なのか？という光景が広がっている。

内田■逆説的な意見になってしまいますが、コミュニティの逆転みたいなものがあって、若い人が中心部に住みたいのというのは、コミュニティの匿名性を担保できるからということもあるのではないかと思います。いままでは郊外の方が匿名性は高かったが、いまは逆になってきている。郊外の方がむしろ古いコミュニティの場になっていて、逆に中心部の方が匿名性が高くて若い人たちにとって居心地のよい可能性が生まれてきていると思います。もちろん中心部にしかない価値を感じて戻っている部分も多いとは思いますが。

●人口減少時代の都市計画

佐無田 金沢であっても中心部の空洞化の問題はおこってきました。ただ2010年のデータでいえば、ようやく下げ止まってはきています。

歴史を遡《さかのぼ》ると、金沢の中心市街地空洞化の出発点は、徳田市政の60万人構想に原因があると考えています。現実には金沢市の人口は45万人弱にしかならなかったわけですが、60万人の容れ物になりうる都市区域を準備しました。それを前提に土地区画整理事業を行い、道路をつくりました。道路をつくると、土地を減歩した分、地価が上がらないといけないので、ショッピングセンターなどがついてきて、郊外の開発を容認してきたことが問題としてあったと思います。

そうはいっても中心部を保存してきた意味は重要ですが、これからの時代は、もう少し中心部に活力が必要です。中心部の経済は重要ですし、それからどうやって人が住むかが課題です。

イタリアのボローニャでは、歴史地区の保存で、「保存こそ革新」といって、中心部を徹底的に調査して保存すべき建物は保存して残し、建物の外観は残して中身は最新の現代的な生活や事業ができるようにしました。やはり中心部には産業があって、経済の中心地でもあります。金沢の中心部の考え方も、保存と開発の区分けをするのも重要な役割を果たしてきましたが、保存しながらどう開発するか、という議論もあると思います。伝統を大事にしながら、どう新しいものを入れ込むか。

一方で、郊外は開発が容認されてきましたが、やはりそこももう少し管理していく必要があります。いまは市の全域に景観保全の対象が広がっています。全体の景観保全を前提としながら開発していく考え方もあるでしょう。区分けをする中でも、伝統の中にどう新しさを加えていくのか、その容認度のコントロールが課題だろうと思います。

山出　僕は、原則として街なかは保存したい。街なかを保存しようとすると、開発の部分は郊外でやったほうがいいと。そうすると結果として街なかは凝縮されていく、保存することにつながるなと、現にそんな思いはあるわけです。

街なかを凝縮させる方法は、僕は今日まで考えてきた中で、ひとつの政策だけではだめだなと。施策の重畳化《ちょうじょうか》とか、総合化とか、一体化とか、ともかくできることはなんでもやらないとだめだな、と思ってきました。ですから、例えば定住促進条例をつくった。郊外から街なかへ住んだら、金沢市はお金を出すよと、こんなことまでした。その成果というのはいま少しは出てきていると思います。

それとね、僕は街なかの商業そのものを活性化しなければならないと思っていますけど、やはり大事なのは交通政策です。マイカー依存の体系から、公共交通重視の体系へ切り替えていかないと、街なかを凝縮させることはできないと。そういう思いが強くありまして、車というものに対する対応の仕方の議論をもっと、これこそ市民を含めてやっていかなければならないと思っています。

60万都市構想という徳田市長の考え方は、60万人で抑えようという考え方であったことは間違いないのです。60万が限度であって、地方交付税の算定上、一番合理的でないかと。いま人口の伸びが当初の予想を下回っているわけですね。ですから、人口動態がどういう推移をたどっているかというのは、検証しないといけません。思いのほか減少しているのであって、これからもっとその傾向は強まるわけだね。

そうするとこれは日本の都市全体の問題ですけれど、例えば都市施設のありようについて、いまから考えておかないといけない。それじゃあホールなどの公共施設を、小さく縮めることはできるかと。現に建ててしまったものを、例えば学校をいますぐ小さいものに替えられるかといったら、これは大変難しい課題でね。現に利用している人がいますし。しかし、いずれそれをやっていかなくてはいけないなと。

例えば保育所をどうするか、学校をどうするか。一人あたりの学校や保育所の面積などをね、論理からいったらいままでよりも小さくしないといけない。だけど事実上できない、というときにどうするかな。

僕は基準のゆとり化はやむを得ないと。保育所の面積は、厚生労働省によって子ども一人あたり何平方メートルと定められていますが、子どもが減ってくる。しかし保育所そのものを縮めることはできない、ということになったら、国が定める一人あたりの基準面積を従来よりも大きくせざるをえない。そういうことをこれからの「施設のゆとり化」という言葉で表したいなと、こんなことを思っているんです。公園面積なんかも一緒だと。そして従来よりもゆとりのある使い方をしていく必要があると。

●金沢のまちの構成について

川崎■金沢は非常にヨーロッパ的なまちの構成をしているな、と思うのです。ウィーンでもそうですし、バルセロナでもそうですけど、ヨーロッパは城郭都市で、城郭の中が旧市街地ですよね。新市街地に広がりがあって、中心の城郭都市の周りは新市街地の新しい交通網がまわっていると。そういう意味でいうと、金沢は極めてヨーロッパに近いような都市形態をしているように思います。

城郭の代わりに2つの川があって、その中が旧市街地になっているというような形態だろうと思います。そうすると、コンパクトシティ化にして、街なかを高度開発するという道は間違っているような気もするんです。やはり周辺を高度化して中心部は保全していくと。文化都市として保存していくというような形をとるのもひとつなのかな。どちらかが正しいとはよく分からないですけれど。

山出■僕は、旧制中学校は県立金沢第二中学校だったんですが、そのときの学校の通学区域はね、おおよそ浅野川の大橋を渡ったら三中なんで、犀川大橋を渡ったら一中。二中は2つの川の間で、だいたい真ん中の人たちがきたわけね。ですから、商店の子や医者の息子たちなどが通っていた。そのエリアは犀川・浅野川の間です。
北陸本線と犀川・浅野川に囲まれたゾーンが川﨑先生のいう城郭都市にあたります。文化的景観地は文化財保護法によって選定したわけですけど、2つの川の間のうちの、とりわけ城下のエリアとだいたい一致するわけです。

浦■金沢というまちは戦災にあっていないまち。都心では片町の大通りだけが商業地域で高い建物が建てられて、もう1本裏だともう高いビルは建てられないという県庁所在地の都心としては珍しい都市計画になっています。このことが、郊外で合理的な生活をしようとした世代にとっては住みにくかったので、ドーナツ化を加速させたのかもしれない。

しかし一方で都心の高層マンション化できる地域が限られ、結果、古い町家などが残ったことが、いまその価値の見直しになって、新しい世代が都心に戻ってきている理由になっているのではないかと。

それと、日本は元来から木造が多く、また、鉄筋コンクリートや鉄骨のビルでも耐震基準が変わっていく。また、建築基準法をはじめとする建築関係法令は世界で一番厳しい水準で、例えば街なかのオフィスビルを住居ビルや商用ビルに改装することは、現実的には建築基準法上かなり困難。都市政策で市がどうこうできるというレベルのものではないのです。

新幹線が通るのにあわせて金沢駅をどうするか。金沢らしくない景観がいっぱいあるとはいうけれど、経済行為や建築基準法の問題があって、どこかに息抜きというかそういう場所がないといけない。それは高度な妥協であって、全部金沢的であることがもちろん美しい姿ではあるが、一方で息抜きのような空間の開発がなければ、現実的にはいまごろ街なかにビルが立ち並んでいた可能性もあると思います。

●新しい建築デザインと都市計画

神崎■景観保全と公共建築のデザインについて質問をします。金沢21世紀美術館や鈴木大拙館は、金沢城や兼六園、本多の森など歴史的な市の中心エリアにあります。その建築的なデザインは、いまの金沢の「新しさ」のシンボルというか、「金沢市はこの新しさを受け入れますよ」という目に見える基準やメッセージになっているのではないかと、私はお話をうかがいながら思いました。山出さんが建築に対してどのような考えを持っているかお聞きしたいです。
もうひとつ、まちの文化についての質問です。コマーシャルな文化と、ほんも

鈴木大拙館の思索空間棟を水鏡の庭越しに望む。谷口吉生氏の設計で、3つの棟と3つの庭を回遊することにより来館者が大拙について知り、学び、考えるように意図されている。

の文化の違いはどこにあるのかということです。地域ブランドが地域の食や文化を商品として差異化したものであり、コマーシャルな文化の側面だとすると、金沢のまちの文化はそれと何が違うか。

これまでの議論にもあるように、文化が市民の生活に根付き、生き方との距離が近いときに、ほんものの文化といえるのかなと考えています。そう考えたときに、では文化が生活に根付いていくことが、どうして金沢ではできたのか。文化がほんものになるには、時間がかかるのではないかと思いますが、１９９０（平成2）年に市長になられたときから、金沢を文化のまちにしようと長期的な視点のようなものがあったのかをお聞きしたいです。

山出■金沢というまちは計画行政を大事にしてきたまちだといいたい。60万都市構想をつくられたのは徳田市長なのですが、長期15カ年計画というものもつくられた。これは財政の裏付けをしたものです。15カ年間の計画に、財政の裏付けをするのはいまはできません。経済はどんどん変動するし、仕組みも変わるから。ただ構想をつくるとか、計画をつくるとか、これは大事にしないといけない。

新しいものを古い中に入れていくことの難しさ。私はその場合は、伝統と創造の調和かなと思います。金沢というまちは古いものは大事にしないといけないし、新しいものをつくらなければいけないし、その調和をとっていくということがどんな場合も大事になるんだと。それが新しいものを加えていくときの、考え方の根底におくべきではないかな。

ですから金沢21世紀美術館の建物も兼六園との調和がどうなるか、本多の森との間でどうなるか、城跡の情景とは似合うのか似合わないのか、そういうことを配慮しないといけない。そういう配慮をした中から新しいもののありようが決まるのかなと。

建物は周囲の環境に調和し、溶け込んでこそ生き続けるのでしょうし、文化も古いものであれ、新しいものであれ、市民の暮らしとともにあってはじめて長らえることができるのです。

小津■古い町家の活用を推す金沢R不動産[*50]をやりながらこんなことをいうのはどうかと思いますけれど、僕は古い建物絶対ではない立場です。石の文化でもあるヨーロッパとは違い、木の文化である日本には金沢でも築200年以上の建物はほぼない。戦災や火災、天災という事情もあるけれど、むしろ20年に一度の式年遷宮[*51]の常若《とこわか》の文化に代表されるように、古いものを自ら新しく更新する仕方《しかた》、伝統に対峙するときの作法や配慮を問うべきなんだと思います。

＊50　新しい視点で不動産を発見し紹介するサイト。「東京R不動産」と提携し、金沢ならではのライフスタイルやワークスタイルを実現する物件を紹介する。（正式名称はReal Kanazawa Estate/ 金沢R不動産）

＊51　20年ごとに正殿をはじめすべての社殿を新造し、殿内の装束や神宝も新調して神座を遷《うつ》すという、1300年続く伊勢神宮の儀式。常に新しく清浄であることを尊ぶ「常若」の思想に根ざすとされる。

先日も尾張町で注目していた空き町家が買い取られて活用されるのだろうと期待していたら駐車場になったり、古い洋館を解体してツルツルピカピカのマンションが建ってしまう。そういった態度に疑問を感じていて、歴史や文化、まちへの配慮よりも経済が優先されていく市場に、常に僕らは負けているんじゃないかという敗北感を感じています。

秋元■美意識の問題だけで判断すれば、例えば古い町並みを残せばいいかといえば、リニューアルされたものが美しくない場合もあるわけじゃないですか。それに優れたデザインの現代建築の方があっている場合もあるわけですね。ルールを決めることは大切ですが、それだけではいいものにはならない。そういう高度な成熟した美意識や文化的価値基準を持てるかどうかというところにかかっていると思うんです。一方、例えば中国、韓国の開発の勢いをみて、あせりを持っているる日本人はいるわけで「いやあ、もっとイケイケドンドンでいかなければならないんじゃないか」とか、「国際的な建築家を登用して目玉になるような建築をつくらないといけない」とか。結構難しい成熟社会の入り口にいるように思えるんですけどね。

●都市の多様性と経済学

佐無田■山出さんがおっしゃった中で、とりわけ資本をどう理解させるかということはなかなか難しいことです。日本の法律上はそこが自由になっていますから。浦さんがいわれたように、息抜きの場所は必要ということもそうなのかもしれません。

他方で私は、ミックストユースという考え方があると思っています。住工混在や職住近接という考え方です。まちの活力は、ある程度多機能性、多様性が集まっていないと活発にならないと思います。ゾーニングも計画の仕方だと思いますが、例えば住居地域、業務地域、商業地域、工業地域などと機能を区分けしていく考え方が日本の行政では根強く、これだと都市の活力は機能分解されてしまいます。それに対して、金沢の場合は、城下町都市としてのまちの中心部にいろいろな機能が集まっているというのは、かなり機能分担とは違う意味でのゾーニングなのではという気もするのですが、どうでしょう。

山出■金沢の場合は歴史的な経緯、要因が左右しています。いま佐無田先生がご指摘されたことは、エネルギーとか、環境問題とかと絡めて、持続可能な社会と

*52　環境保全と経済開発の関係をめぐる国際的な議論から提起されてきた概念。環境の制約性・有限性の認識に起源があり、現世代の健康や幸福だけでなく、将来世代に何を残すかという時間軸を加えた倫理的視点が求められる。日本語では、持続可能性または維持可能性と訳される。英：sustainability。

はどういうものかという視点からの議論でしょうか。

佐無田■環境のサスティナビリティ*52（持続可能性）もあるのですが、どちらかというと経済活力の問題かなと思っています。経済の効率性と多様性とをどう考えるかという視点と関わりますが。

資本の論理では、大規模に合理的に単一機能でまとめるのがいちばん効率的というのが一方ではあります。しかし、もう一方で、サスティナビリティの観点でいうと、多様性の方が経済の活力とか創造力につながるという発想があります。両方の考え方が、20世紀から21世紀にかけてシフトしていく流れの中に、都市計画の議論でも、都市の多様性という話が出てきたと私は認識しています。

エネルギーや環境の面でもサスティナブルであるという議論ももちろんありますが、私としては主として「経済」の視点から、都市の中の多様性、あるいは都市の間での文化の多様性が活力の源泉になるのでは、と考えています。

山出■先生がいつもおっしゃる「自立」「内発性」という議論に落ち着きますね。「自立」「内発性」とは経済的な視点からの法則だと僕は思う。しかし社会そのものの持続性という視点からいくと、多様なものがつまっていたほうが持続する。多様性がサスティナブルだといいたい。

佐無田　私もそう思っています。そして、それはコミュニティとも関わっていて、コミュニティのある都市は多様性も伴っているのではないか。そのときにゾーニングの問題としては、ゾーニングをしながら多様であるという条件をつくり出す必要があると思います。その意味で、金沢でのゾーニングという考え方が、従来いわれている機能分解的なゾーニングと違うのではと思ったわけです。

III

まちづくりの本質を探る

佐無田　これまで山出さんとの対話を通じて、これからのまちづくりを考える上で重要なこととして、テクニック的なこともさることながら、まちの本質に関わる部分を見極め、これを大事にしながら新しいことを加えていくという、本筋について学んできました。最後のパートでは、これまでの議論を踏まえながら、まちづくりの本質を探る議論を深めたいと思います。

足下の地域の社会や歴史を理解することとともに、視座を世界に開いてそのまちのポジションを見極めることが、「都市の文化」の形成と関わってくると考えます。山出さんは、「小さくとも世界の中で独特の輝きを放つ『世界都市金沢』」を打ち出して、金沢市を世界の中に位置づけて市政の指針を示してこられました。まずはこのあたりから、総括的なお話をいただければと思います。

14　世界都市金沢

●世界に城下町文化のモデルなし

山出■ユネスコに関連する会合で、こう申し上げました。「金沢は古都でもなければ小京都でもない。この古都とか小京都という表現はこの場をおいて最後にしよう」ということです。

金沢はいわずと知れたお城のまち、サムライのまちで、ここで展開された文化はサムライ文化です。川勝平太氏は、いま静岡県の知事ですが、「世界に城下町文化のモデルはない」といわれました。そうすると、世界に金沢というまちをアピールしていくことになれば、ポイントは城下町文化だな、と思います。

これを掘り下げていくことをひとつのテーマにしたいものだと思っています。「城下町文化はモデルがないんだ」ということであれば、これをアピールすれば世界のまちになれるという論理であります。城下町文化を構成するエレメントは、歴史であるし、文化であるし、歴史と文化というものを真ん中に据えて、まちをつくっていければと、そんな気持ちを持っているのです。

●世界の中で独特の輝きを放つ都市

僕が金沢市長に就任したのが、1990（平成2）年です。自分の手で金沢の都市構想を策定したいと考え、いくらか時間をおきすぎた感じもありましたが、作業を進めたのが1993（平成5）年のことでした。芦原義信《あしはらよしのぶ》、五木寛之《いつきひろゆき》、大岡信《おおおかまこと》、安江良介《やすえりょうすけ》、矢野暢《やのとおる》、中村剛治郎《なかむらこうじろう》、蓮田修吾郎《はすだしゅうごろう》、飯田恭敬《いいだやすのり》、一番ケ瀬康子《いちばんがせやすこ》の9人の先生方*53によって金沢都市文化懇談会がつくられました。ここで構想策定のため討論をお願いしたのです。

芦原先生に座長をお願いし、運営全般のお世話を安江先生にお願いしました。安江先生が、都市文化懇談会の名前を考えてくださいました。安江先生のお父さんは金箔の職人で箔の美術工芸品を収集されて、この収蔵展示施設を金沢市に寄贈されました。これが安江金箔工芸館です。この安江家のご子息が安江良介氏で、氏は地元の金沢大学を卒業して岩波書店につとめ、雑誌「世界」の編集長でした。のちに社長に就きました。韓国に知己が多く、わが国の政界にも幅広い人脈を持ち、まさに逸材でした。「もしいま、存命だったら」と僕はいつも思います。私と2人、夜遅くまでよく酒を酌み交わしたものでございます。なお、これらの先

*53　芦原義信（建築家）、五木寛之（小説家）、大岡信（詩人）、安江良介（岩波書店社長〈当時〉）、矢野暢（京都大学教授〈当時〉、国際政治）、中村剛治郎（横浜国立大学教授〈当時〉、地域経済学）、蓮田修吾郎（金工作家）、飯田恭敬（京都大学教授〈当時〉、交通工学）、一番ヶ瀬康子（日本女子大学教授、社会福祉）。

生のうち、芦原先生、蓮田先生、矢野先生、安江先生はすでに故人となられました。

こうした先生方によって2年間にわたって議論され、世界都市構想としてまとめられたのが1995（平成7）年12月でありました。この構想で「世界の中で独特の輝きを放つ都市を目標にしよう」といったわけです。

金沢は世界都市、といったところで、笑われるのではないか、批判されるのではないかと心配したのですが、そんな人はいませんでして、総務省の役人が「おもしろいねぇ」といってくれた。その記憶はいまもって残っています。

その理屈なのですが、僕のいう世界都市は、ロンドンやパリ、東京といった巨大都市をいうのではないのです。僕は国際都市という表現をしません。国際都市というのは、国境を越えて人や物が行き交う、そういう事象がみられる都市を一般的にどなたも「国際化が進んでいるまち」という表現をしますけれど、僕はそんな言い方は通俗的だなと。金沢のまちを国際都市なんて、そんなあたりまえのことをいうのだったら気に食わない、ということだったんです。僕のいう世界都市とは、小さくても良い、キラリと光る優れたもの、際立ったものを持つまちのことだと。その光るものを発信すればいいと、こういう表現をしたわけです。

ある会である人が僕に「金沢という規模の都市はもうだめだ。上海とかそういう都市に飲まれてしまう」ということをいいました。そしたらその隣にいた女性が、「違う」といいました。「世界には小さくてもいいまちはたくさんあるやないの」とこういう表現をしまして、僕も「同感です」と答えました。

ヨーロッパへいったら、小さいけれど評価の高いまちは必ずあるので、例えばある人が僕のところにきまして、イタリアのトリノへいってきて素晴らしかったといいました。オリンピックがあったまちです。人口の規模は90万人弱だそうですけど、街なかはコンパクトに凝縮されていて、交通体系は整備されて、マイカーを抑えて、古いものを残して、そしてまちの人の気持ちが大変温かいと。

とりわけアメリカよりも、ヨーロッパにそういうまちが多いんでなかろうかなと思っています。規模の大小ではありませんで、中身の議論だと考えています。小さくても中身の充実したいいまちは世界にはたくさんあると僕は思っています。

●姉妹都市提携～儀礼的交流からの脱却

金沢市のキラリと光るものが歴史と文化だということになると、それを国外に闡明《せんめい》していかなければいけない。金沢のまちは視座を世界に、目を世界に向けなければいけない。金沢の個性をしっかりとアピールしていくという意味なのですが、その具体的な戦略というものを、明確にしておかなければいけないと思います。

金沢は7つの都市と姉妹都市契約を結んでいますけど、この7つの中で、交流の頻度の多いか少ないかは、それぞれ違っております。金沢市はゲント（ベルギー）やナンシー（フランス）や蘇州（中国）、全州（韓国）などとは比較的、交流の密度は濃いです。ポルト・アレグレ（ブラジル）とは、ほとんど往来はない。しかし、一度約束をかわしますと、「やめようよ」とは、なかなかいいづらい。ですからスタートは慎重でなければいけません。

僕が市長をして提携したのは全州でした。全州を考えた背景は、中国では古い歴史都市の蘇州が姉妹都市でして、それなのに一番近い韓国にはないのはどうかなと。そこで考えるとしたら、どのまちがいいかなと。石川県立美術館は全州の美術館と既に提携していましたし、歴史都市でもありますし、豊かなのは食文化で、ビビンバのまちです。これらを総合的に考えて全州市と提携をしました。交流は盛んです。食でユネスコの創造都市になっていますし、韓紙の盛んなところでして、こうした豊かなものを持っていますので、私は全州との提携は、正解だったと思っています。

問題は、姉妹都市交流が儀礼的な交流だけだったらいけないということです。

2010年5月、金沢市で開かれた第2回日仏自治体交流会議の全体会議。金沢21世紀美術館を会場に、日本側26、仏側18の計44自治体のトップら約200人が出席した。

ナンシーの市長、この方は大臣を2回もした大物で、私はナンシー市長と2人でよく会い話をしまして、「お互いに何か意味のあることをしよう」ということになりまして、「日仏自治体交流会議」を設けることにしたのです。

日本側の都市とフランス側の都市と姉妹都市の提携や約束を交わしている都市が一堂に集まろうよと。日仏の自治体がみんな寄って、都市問題を協議しようと。こういう仕組みをつくったわけです。1年おきにやってございまして、2013（平成25）年は日本の順番になって、高松で開かれるのですけれど、まじめな仕組みだと僕は思っています。

このことで僕は、レジオンドヌールという勲章[*54]をもらいました。儀礼的な交流はもうごめんにして、双方ともに裨益《ひえき》する実のある交流でなければいけないと思っています。世界ではじめてできた日本とフランスの姉妹自治体会議でした。

●ユネスコ創造都市を目指す

ユネスコの創造都市というのは、まず創造的な文化活動として7つの分野があります。文学、映画、食文化、音楽、デザイン、メディアアート、クラフト&フォークアートと、この7分野で創造的な文化活動を展開している。それを文化活動だ

*54　レジオンドヌール勲章（仏：L'ordre national de la légion d'honneur）。ナポレオン・ボナパルトによって制定された。軍事や社会への功績、または文化の功労者に仏大統領が直接授与する。

けに留めないで、産業活動、経済活動と結びつけて、結果としてまちを元気にする。それを創造都市とユネスコがいったわけです。

「金沢市がこの創造都市に登録されるといいね」と、佐々木雅幸大阪市立大教授（当時）が私にいわれました。金沢は、最初デザインで創造都市になろうということで準備をしました。

そしたらある日、佐々木先生が「デザインもいいけれど、クラフト&フォークアートという分野ができた」と。もともとは6分野だったのですが、7分野にひとつ増えて、増えた分野がクラフト&フォークアートであったわけ。佐々木先生は僕に「クラフト分野でどうか」といわれるから、僕は「異議なし」と、即座に答えました。金沢美術工芸大学には工芸の二文字が入っている。金沢は工芸を大事にしていかなくてはいけないので、「それでいい」と早速登録に向けて要請運動をしたというわけであります。

フランスの文化大臣をしたジャック・ラングさんが2度、金沢にきておられて、私は知っていましたので、ラングさんの手助けを得ることができたらと、そう思ってお願いをしました。そうしたら、すぐに了解してくださって、支援をいただきまして、それで登録がスムーズに運びました。

●クラフトの課題

問題は、クラフト創造都市になるのはいいけれど、このあとどうするかということです。工芸、クラフトの仕事はみんな苦労をしていまして、友禅は着物が売れない、金箔は仏壇が売れないし、仏壇をつくる人も育たない、こういう実態ですから、たくさんの課題が工芸、クラフトの分野にあるわけで、これに力を入れていこうと。

金沢のクラフトがユネスコに認められたということで、まずは駅西地域から浅野川の大橋を渡ったところに金沢安江金箔工芸館を移設し、金箔の研究所を併設しました。もともと日本の金箔の生産量は金沢がほぼ100%を占めていますが、基本的にはその用途は仏壇が主体でした。しかし現在、新たに仏壇を持つ家は少なくなってきて、金箔の需要は昔の比でないほどに減っています。これをどうするかということですが、言うは易く行うは難し、さりとて放置はできない。大事な仕事です。これからはインテリアとして利用していく方法も模索していくべきと考えています。

それから例えば九谷焼のワイングラスがあります。軸と台の部分は九谷焼。いままでは上のワインを容れる部分も九谷焼でした。そうすると赤ワインか白ワインかわからないので、やっぱり上の部分はガラスにしてほしいと。ところがガラスと九谷焼はなかなかくっつかないのです。結局くっつけるのに6年かかりました。いまはよく売れてヨーロッパへ持っていくようになったそうです。

これからは、こういうことをしていかなければならないと思います。つまり加賀友禅はどうすべきか、どのように製品開発し、需要開拓していくのか。金箔はどうするか、九谷焼はどうすべきかと、こういった問題を一つひとつクリアしなければいけないと思います。まず、やるという意志がないとだめで、そういうことの積み重ねが僕は文化のビジネス化だと思っているのです。

15　山出流の極意

●市長は孤独

山出■市長は孤独です。最後は孤独なものだな、とよく思いました。

決断するまでの過程では特に識者の意見を聞くことが大切だと思います。大学の先生や知識と経験を持つ人の意見を聞いてみる必要がある。意見を聞かないと独断と偏見になる。謙虚に聞いて、そして最後は自分で決めざるを得ない。これは、やむをえないことだと思います。

しかし、例えば国内外の高名な建物やモニュメントを模し、それをまちに配備するとしたら、そういう安易なまちづくりはいかがなものかと思います。「奇をてらう」こと。珍奇や奇抜を追って足れりとしたら、これは為政者の傲慢《ごうまん》、わがままです。思いつきや趣味で政治や行政をしては絶対にいけない。そこは慎重でなければならない。そして議論の過程を大事にする。難しければ難しいほど多くの人の意見を聞くことだと思います。

仕事を進めるときは相対思考が大事だと思います。誰かに教わったわけではありませんが、思考の二面性が必要だと思っています。

市長をしていると日々、市民の方から「下水を直してほしい」とか「校舎を良くしてほしい」といった具体的な話が寄せられます。市民の声ですので、応えなければいけない。しかし、それればかりしていては市長としては落第だなと。

身近なこと、微視的なことを考えながら、もう一方では巨視的にものを考える。この二面で考えることができなかったら、市長とはいえないと自分に言い聞かせてきました。細かいことを考えながら、大局に立つことも大事です。現実を大事にしないといけないが、その一方では、夢のひとつも持たなきゃならないということです。古いものを大事にしたら、新しいものも意識しないといけない。絶えず二面を考えていなければならないと思ってきました。これは個人であっても企業であっても、一緒のことだろうと思っています。

●組織とまちの中で

市役所の中を治めるときや、市民の間を取り持っていくときにどうすればいいいか。僕なりの考え方を申し上げます。

市役所の組織では、厳しい姿勢を原則としていました。仕事ですから厳しくなければいけない。しかし、ここでもやはり二面性といいますか、片方では温かい気持ちも忘れてはいけない。職員を怒ったりもしましたが、あとで「ちょっと怒りすぎたかな」と思うときは、2、3日置いて、「どうや」と、その職員に話しかけました。そういう二面のことが大事なのではなかろうかと思っています。

そして現場を重視しました。僕は、まちを歩かねばという考えを持っています。それも、ただ歩くのではなく、いつも好奇心を持ちながら、まちの隅々を見ながら歩くことが大事です。

僕はよく土木の担当には、課長を中心にして5〜6人でも、3〜4人でもいいから、みんなでまちを歩けよといっていました。歩けば、あそこでガードレールが傷んでいたとか、木の枝が折れていたといったことが分かる。分かったら、ただちに手当をしないとだめだと。

僕も歩いているときにベンチが傷んでいるのを見たら、翌日に「あれを直してよ」と必ずいうわけです。うるさい市長だったかもしれませんが、大事なことと思っています。

具体的なことで一生懸命に対応すると、次の段階には具体を一般化するというか、普遍化の方向に思考を移していくわけです。これは極めて大事なことです。

現実に対応しながら思考を抽象化する過程の先には政策化があります。現実をそのまま受けとめるのではなく、そこから一歩前に出て、政策としてはどうあるべきかという議論につなげないといけないと思ってきたのです。

●職員の仕事の質

職員に対しては、やはり仕事の質を求めました。質を高めるときは、勉強しなくてはいけないし、本も読まなければいけない。先生の意見も聞かなければなりません。勉強もしないで生半可に仕事をすると、とかく自己満足に陥ります。仕事の質を落としていくことになるので、職員には、勉強しないといけないといつもいっていたわけです。

職員を大学に出しました。大学にいって論文を書き、博士号を取ってくるのなら時間を与える。そういいましたら、何人かの職員が博士号を取ってきました。

漫然と仕事をしておったら、いけません。理性を高め、感性を磨かなければいけない。そして、なによりも強い意思を持つことが大事だと思ってきました。県、国に対して、ものがいえるようになってほしい。自説を主張するくらいの職員であってほしいと願ってきました。

僕は長い間、財政課長という職に就いていました。財政の仕事は、一般的には予算を削ること。しかし、削られて文句のひとつもいう職員には「いいな、なかなかやるな」と思いましたし、逆に文句ひとついわない職員をみると「元気がないなあ」と残念でした。予算編成では僕は必ずしも削ることだけがいいとは思っていませんでした。財政の後見的機能、支援的役割とは、それぞれの担当が仕事をしやすいように後ろから支えて押し出すものと理解してきたわけです。

生意気な態度は行政の場合は特にいけません。分かりやすく、平易な言葉で話すことです。難しい言葉を避け、相手の立場になって話すことが大事なのです。市政と市民との関わりでは、できないことはできないと、はっきりいわなければいけないのです。できないということで、かえって信頼を得ることもあります。

あるところでは、こういうことをいわれました。「図書館も美術館も、まちの真ん中ばかりにある。なぜ私らのところに、そういう施設がないのか」。僕はこういいました。「あなたは、そういわれるけど、まちの中でもゴミの処理場を受け入れたり、下水道の終末処理場、火葬場や墓地を引き受けたりする地域はある。そんなことも考えてね」。

話をするときは、誠意をつくすこと、また率先して働く姿を市民に見せないと、なかなか信用されないだろうと思っています。

●時間をかけて説明する

具体的な事例でお話ししましょう。金沢市は1977(昭和52)年に伝統的建造物群保存条例を制定しました。当時の市長は岡良一氏です。[*55]僕が尊敬する市長です。法律の仕組みができてからわずか2年後にこの条例をつくったのは注目すべきことです。

この条例の最初の適用対象には、ひがしの茶屋街を考えていたのですが、お茶屋は「うん」といってくれませんでした。そんな選定をされると、家を自在に造作することもできないし、家の中をのぞかれるなどの理由で反対されました。条例は迅速につくったけど、ひがし茶屋街の選定はすぐにできませんでした。僕は岡市長の下で働いていました。岡市長は無念やったろうと思いました。

岡市長のあとが江川昇市長です。[*56]そのあとを継いで僕が市長になると、ひがし茶屋街にいきました。「何とかしてもらえんかいね」と。「あなた方のところは、日本の財産なのです。だから頼む。協力してちょうだい」。簡単には了解してもらえません。しかし、誠意をもって説明し、折衝する努力は絶対に怠っては

*55　岡良一(1905-1994年)。第24～25代金沢市長。在任期間2期(1972～1978年)。

*56　江川昇(1909-2013)。第26～28代金沢市長。在任期間3期(1978-1990年)。

いけません。職員も何度も足を運びました。時間がたってくると、条件が出てくるようになりました。融雪装置を入れてほしいということでした。よく分かります。あそこは芸妓さんばかりですから、雪が降ると大変です。それから「街灯をガス灯にしてほしい」という声が出ました。

そしたら何人かの芸妓さんが僕の部屋にきまして、「ガス灯には私らは反対です」というのです。「ガス灯の傘は銅板葺きやから、キラキラと光る、あんなものは嫌い」だと。僕はこういいました。「いまはコンクリートの柱やわね。その前は、きっと木の柱やったはずやね。木からコンクリートになったときには地元の人は反対したのかな」。そして、こう続けました。「あなた方がガス灯の傘が銅板やからキラキラして嫌やというけど、そのうち緑青がふいて、色も落ち着いてきますわいね」。しばらくしたら、その芸妓さんたちは「この前は、あんなことをいうたけど、堪忍して」といってきたのです。そして話し合いは決着しました。

やはり、過程を大事にしないといけない。話を聴くことが大事です。応じることには応じながら、さらに仕事を進めていかなければいけないのです。

東山ひがし地区は条例の制定から24年かかって2001（平成13）年、重伝建地区になりました。まちづくりは時間がかかるものだと思います。東山ひがし地区が重伝建地区になってから、主計町もすぐに選定できました。ひがしと主計町。全国の市で2つの茶屋街を面的に選定・保存した例はありません。京都は祇園が選定されています。

次の重伝建はお寺です。卯辰山麓地区と寺町台地区。卯辰山麓地区は、ひがしの茶屋街の上にあり、お寺が群がっています。寺町台地区の場合は、お寺さんが街道に沿って並んでいます。ここが卯辰山とは随分と違うところです。

宗派でみると、日蓮宗、法華宗、曹洞宗、浄土宗、真言宗などのお寺です。これは前田家の系統の寺です。いずれも高台にあります。庶民の寺は主に平野部にあります。そして宗派は真宗が多いです。檀家や門徒の数はどちらが多いかといえば、真宗でしょう。武士系の寺は少ない。

僕は、お寺の地区で重伝建の説明をするときに、「選定を受けると国の縛りがかかる」という住職にこんな話をしました。「ここのお寺の山門や本堂は文化財です。国の財産です。それらの修復にはお金がかかるでしょう。文化財に選定されると国と県と市がお金を出しますよ」。

時間をかけて説明していたら、徐々に分かってもらえるようになりまして、卯辰山麓地区は2011(平成23)年、寺町台地区は2012(平成24)年に重伝建地区に選定されたのです。全国でお寺の集まった地区を重伝建地区に選定したのは金沢だけです。選定のための交渉は根気よくやらないといけません。誠意を示さなかったら、選定もまちづくりもうまくできません。

市の職員は、いろいろなことで地元としょっちゅう付き合っていますので、誠意を傾ければ分かってもらえると信じて励んでいます。

●地方分権の課題

「三位一体改革」について触れておきます。地方税があって、国庫補助金があります。国が地方自治体に出す補助金が地方を縛るわけですね。補助金を出すときは、国はいろんな条件を付ける。例えば、保育室の面積は子ども1人当たりこれだけですよ、給食室はこうでないといけませんよ、保育士の数はこれだけですよ、とまでいう。

縛りは地域の実情に合わないことがある。面倒で無駄。だから地方を縛る国庫補助金はいらないので、その代わりに住民から直接地方自治体に入る税金を増やしてほしい、自由に使える税金でほしいといったのです。

ところが、税収は自治体によって差がある。東京都では税収はどんどん増える。

ところがもともと税収が少ない地方の県や市町村では増えない。そうすると不公平になる。その不公平を調整するのが地方交付税です。

地方交付税には「税」という字が入っていますが、こういう税金があるわけではない。税収には地域によって差があるから、それを国から自治体に地方交付税という交付金を交付して調整するという仕組みです。

地方交付税と地方税、そして国庫補助金。この三つを一緒にして改革しようというのが三位一体改革です。一番の狙いは、国庫補助金をなくすこと。これがあるから地方の自主性が保たれないので、これをなくそう。ここがねらいなのです。国庫補助金に代えて地方税を増やし、調整財源としての地方交付税も増やす。この3つの改革を2003（平成15）、2004（平成16）年に始めたわけです。

僕は当時、全国市長会の会長をしていました。国の補助金を減らすことに対して各省は自らの権限が縮小されるからすべて反対でした。地方税を増やすという議論には必ず財務省が地方には無駄があるなどと反対しました。僕は無性に腹が立って、首相官邸で各省を代表する大臣とけんかをしました。

結果としてどうなったか。国は国庫補助金を4・7兆円削ったのですが、一方で地方に移した税源は3兆円です。地方自治体としては、やられたという思いでした。こうした結果になって本当に残念です。三位一体改革はこれで終わってはいけません。地方分権の流れを絶対に止めてはいけないと、そう思っています。

●悔やまれること

さて生意気にもあれした、これしたということばかりいってきましたが、残念だったことも3つ申し上げておきます。

1つは、隣接市町との合併はできなかったということです。歴史的な経緯があったりしまして、できませんでした。残念に思っています。

しかしそのことはそのこととしておいて、より大事なことは金沢のまちの拠点性をどうやって高めるかということです。区域を大きくすることだけが良いのではありません。仮に合併したとしても、日本の人口はこれから減っていくわけですから、合併という議論もさることながら、やはり、金沢のまちの拠点性を高めていくことがより大切なのです。拠点性というと話は難しくなりますが、要はまとまり、一体性、影響の及ぶ範囲をどうやって整えていくかということになります。

僕のいう拠点性の範囲は、美川（現白山市）から、高松（現かほく市）。人口は全部で70万人になります。政令指定都市になる人口要件ということからいけばこの範囲内はちょうど70万人になりますので、ここの拠点性を高めておく心構えは必要だろうと。ただ、もし政令指定都市になっても県から権限がおりてくるかといえば、たいしたことはないのです。だから僕は拠点性を高めて金沢の実質的な影響範囲を強めて、範囲内の市と町が互いに豊かになる施策の充実こそ大切と思います。

2つ目に、新交通システムの導入です。よく聞かれたのが「なぜ地下鉄をいれないのか」や「モノレールをいれないのか」ということです。金沢市も当然のように地下鉄やモノレールの研究は30年も40年もしているのですが、僕は導入に自信がありませんでした。経営ができるかということについての自信がもてないということです。果たして乗ってくれるかということです。いまは一家に1台、いや1人に1台車を持っている状況ですから、果たして公共交通機関を使ってくれるか。市長という責任ある立場になりますと、いいかげんなことは絶対にいえないし、できない。採算が合わないと後世に負担を残すことになりますから。

これをもしやるとしたらどうすればよいのか。まず市民の意識を変えないといけない。マイカー依存体質を脱却することが必要となります。もうひとつは国の支援の仕組みを充実することです。少なくともインフラ部分（軌道・駅・信号等の下部構造部分）などに対する国の支援はまだ十分ではありません。インフラ部分などに対する国の支援が増強できれば、そのぶん経営はしやすくなるわけですから、この国の仕組みが変わらない限りは自信がなかったと理解していただきたい。

3つ目に、城下町金沢の文化遺産群と文化的景観の世界遺産登録についてです。文化財の概念は単体から面にひろがった。それから「人々の暮らしと生業が醸し出す風景」が文化的景観であるといわれて、金沢の文化的景観を文化財にしようという考え方が出てきて実際に選定されたのです。

これは、これからが大事だと思っていまして、もっと時間がかかります。例えば職人大学校で職人の技を磨いていこうというのもこの一環ですし、料亭の露地もちゃんと残していかないといけないし、そこで行われるお茶事、お茶室、こんなものも景観を形成します。広い意味で城下町文化をきちんと残していくことが金沢の大事な仕事になると思います。これは金沢市民の絶えることのない営みというか、努力がこれからずっと続いていかないとだめだなと思います。

新幹線がきますが、必要なことは、そのときに備えていいまちをつくっておくことだと思っていまして、そんな意味で、歴史と文化、伝統環境、芸能と工芸と食を磨いておく。「開発と保存の調和が大切」、「伝統を大事にしながらそこに新しい営みを加えないとだめ」、「金沢というまちは世界を視座におかないといけない」と、こういいたいわけなのです。世界を視座におくには、金沢21世紀美術館はもう世界に開かれた美術館でありますし、アンサンブル金沢も世界が舞台だし、そして鈴木大拙館も世界に金沢を発信するための確実なツールであると思います。

●寧日《ねいじつ》なき20年

市長として20年間は「寧日なき20年」と申し上げても嘘《うそ》にはなりません。心の休まる日がなかったということです。

僕の主張としては、「基本に忠実なまちづくり」。また、「歴史文化の尊重」と「伝統に創造の営み」、さらに「顔の見えるまちづくり」であって、「金沢を世界に発信」しないといけない。そして金沢のまちとしたら「平和を擁護」しないと。一方、戦後のまちづくりの反省は、いたずらに規模を拡大し、効率だけを求めたこと。これからは田園とか中山間地とか、コミュニティというものをもっと重視したいと、僕はそういうことをつくづくと感じています。市政にかかわるものはまちへの愛着とか誇りとか夢を持たないといけない。自らは分権論者でありまして、地方がもっと力をつけて、国にものを申さなければいけないと思っています。

市長をしていまして、他のまちに負けたくないし、そうすると次から次にアイディアを出していかないといけません。五木寛之先生と話をしていますと、ヒントがたくさんあるわけです。「なるほど、いいことをいわれる」と、参考になりまして、そういう点ではやはり識者に会い、教えを請うことは大事だと僕は思います。

そして、僕が市の職員としてお仕えした歴代市長、徳田與吉郎、岡良一、江川昇という人たちはみんな、大衆の立場に立った人です。形式張ったことや、役人的な発想は大嫌いでして、その弟子でもありますので、僕も同じです。

「日に新たに、日に日に新たに、また、日に新たなれ」。座右の銘といわれれば、これを挙げます。『大学』という中国の書に出てくる言葉です。この言葉が好きで、簡単にすると、三つの漢字で「日々新《ひびあらた》」となります。

僕の処世訓は「敢為《かんい》」であります。訓読みにすると「敢《あ》えて為《な》す」。基本に忠実に、思慮を巡らし熟慮はするが、心に決めたら敢然とやるということです。こんな言葉はもう僕の年代しか使わないと思いますが、やはり敢行《かんこう》して前へ進まないと。これは本人の心の持ち方だと思います。

16 「金沢らしさ」とは何か

●「金沢の気骨を読む会」を通じて

山出■この「金沢の気骨を読む会」では、伝統に新しいものを加えていくとはどういうことか、新しいものとは一体何かという議論が出ました。僕はそれを聞いていて心底「いいなあ」と思っているのです。本当にこういうことを大事にしないといけないと思います。「古いものの中に新しいものを入れていくときは、ルールがあるか」とか、「どういう論理に基づいて新しいものを入れていくのか」ということを、真剣に考えていかないといけません。

市の職員は、そういう議論についていけなければならない。僕はそう思っているのです。そこに識者や学者の意見が出てきて、それを職員が受け入れて、こなしていけなければならない。そのためにも大学と行政が近くなければいけません。いろんなことで大学の知恵を借りたい。それにふさわしい大学は多くあるわけですから、金沢ほど恵まれたまちはないと思います。

「金沢らしさ」

実は、たまたまなのですが、しばらく前に日赤の副院長が訪ねてこられまして、僕に突きつけたテーマが、死の恐怖に直面している人が心の安息を得る場所がほしいと。そのときに「金沢らしさ」を考えたいので、これについて話してほしい。こういう注文がありまして、不十分なままでもしゃべったことがあります。「金沢らしさ」とは何か、このことについて、取りあえず以下に4点の要素を示しました。

みなさん方はそれぞれ考え方が違うと思っていますが、それでいいと。みなさんは、みなさんの考え方としてまとめていただくことが大事ではなかろうかと、僕はそう思います。

なお、「金沢らしさ」の「らしさ」でありますが、もともと事柄が難しいから「らしさ」という表現になるのだろうとも思っているのです。簡単だったらこんな言い方はしないわけです。「金沢らしさ」というのは歴史、自然、文化、市民の精神性、そういうものの総体としてできてきたまちの雰囲気ですね。いろいろの事象の総括としてでき上がってきている。一言でいえないから「らしい」という表現になっ

*57　金沢独特の呼び名で、細街路において一部が広くなっている部分を指す。藩政期に火災の延焼を防止するために設けられた火除け地とされるが、現代に引き継がれ、町内のコミュニティ空間にもなってきた。

ているのではないかと思います。

さりとて「らしい」がいいかげんでよいということではありません。究極はやはり学術とか文化、こういうものの手助けで一人ひとりの考え方、感性、理性、そういうものを研ぎ澄ませてまとめていかないとならないのが「金沢らしさ」だと、こういいたいのであります。

①ヒューマンスケールの親しさ

改めて「金沢らしさ」とは何でしょうか。第一に、「まちとひとの親しさ」を挙げたい。そしてその背景としてまちとその設《しつら》えのすべてがヒューマンスケールということでありましょう。

金沢は、ほどよい規模だといいたいわけです。旧の城下のエリアは30分も歩けば、どこへでもいけます。まちには「広見《ひろみ》」*57といいまして、小さい空間があります。お寺やお宮の境内、これも小さい空間です。そして道はみんな狭い。香林坊から武蔵ヶ辻までの国道は幅が22メートルです。道の向こう側を歩いている人に「こんにちは」といったら、あいさつが帰ってくるような道幅です。これが金沢の特色だなと、こう思っています。

狭い通りを走る金沢ふらっとバス。此花、菊川、材木、長町の4ルートがある。小型ノンステップバスが15分間隔で運行し、200メートル間隔を目安にバス停が設置されている。

そこに「ふらっとバス」が走っています。車体に友禅の模様を付けたバスです。あれは、実は市長になってしばらくして、当時、金沢大学経済学部にいらっしゃった佐々木雅幸先生と一緒にイタリアのボローニャ大学へいったんです。佐々木先生と裏道を歩いていたら、小さいバスがきまして、手を挙げたら、止まってくれた。中へ入ったら「あ、こういうバスがあるのか」と驚きました。

車内は向かいの座席の人の膝と膝がふれあうくらいです。車内の雰囲気は大変親しくにぎやか。みんなワーワーしゃべっている。車内がまるで居間だなと思いました。ボローニャも小さいまちなら金沢だって大きくない。それなら金沢にあのバスを入れたらいいなと。それがあのバスを入れた経緯なのです。

こういうバスもヒューマンなスケール。なんともいえぬ親しさと温かみを感じます。裏道へ入れば住む人の暮らしぶりや生業にも触れられる。まちも人もなんともいえない親しみを覚える。これが金沢らしさの第一番と、こういいたいのです。

②緑と水の癒《い》やし

2つ目は「緑と水の癒やし」です。それは緑と水はどこのまちへいったってあるけれども、金沢ほど手に取れるような至近距離に緑と水がたくさんあるまちは

長町武家屋敷跡の土塀沿いを流れる大野庄用水。犀川右岸の桜橋上流から取水される用水は、今日でも屋敷内の曲水に利用されている。金沢城築城時に、木材を運ぶために利用されていたと伝わる。

ないと思ってきました。

卯辰山、小立野台、寺町台がまちの中へせり出しています。斜面の緑、河岸段丘の緑を身近に感じます。

2本の川が流れていて、これもまちの真ん中へ流れてきています。街なかでも、釣り糸を垂れる人の姿が見られます。そこからまた用水が引かれて、ずっとまちの中を巡って、こんなことから何となく心が癒やされる、これが金沢らしさだなと、僕はそう思っているのです。

緑と水というのは輪廻《りんね》の摂理《せつり》というものを教えている。輪廻というのは、ぐるぐる回っている、そういう摂理があるよと。それは緑と水だと。人が炭酸ガスを吐いて、それを緑が吸ってくれて、そして炭酸同化作用でそれを酸素にしてまた人に与えてくれる。だから緑と人とは一体のものです。水は流れて海へいって空へ上がって、雲になりそれがまた雨になって落ちてきて、そして川となって流れていく。水もまた天地を、ぐるぐる回っている。こういうのが輪廻の摂理といいたい。

この緑と水が身近にあるから、心が安らぎ、癒やされる、これが金沢らしさの要素です。

③ハイグレードのこだわり

3つ目に「ハイグレード・ハイクオリティ・ブランドイメージ」です。これが金沢らしさのひとつじゃないか。

僕からいわせてもらうと金沢というまちは武家社会だった。武家社会というのは格式社会です。格式を重んじるということは、いいかげんなものは許されない。それに金沢は学都です。大学がたくさんある。だからいいかげんなことはできない。

そして金沢は美術工芸が盛んです。石川は美術工芸王国といわれます。こういう背景があるから、金沢は「ハイグレード・ハイクオリティ・ブランドイメージ」を追い求めるまちじゃないですか。

金沢というまちは生半可な仕事も許されない。やはり、いい仕事でなきゃ。質の高い仕事をしないといけない。これが金沢らしさのひとつである、こういいたい。

④もてなしと思いやり

お客さんを迎えるときに玄関に打ち水をしたり、雪が積もるとお互いに道を譲り合ったり、そういうことをします。人からたくさん食べ物をもらったらお裾分《すそわ》けといって隣近所に分ける、そういうのが金沢のひとつの習慣として残っていま す。雪国であり、仏教王国といわれ、お茶の盛んなことによる「もてなしと思いやりの心」。これが金沢らしさの4番目ではないでしょうか。

「親しさ」、「癒やし」、「こだわり」、「思いやり」。これが「金沢らしさ」の4要素ではないかと、こういってみたわけであります。

私はこの「らしさ」は、人によって、感じ方なり、受け止め方が違うと思っております。ただ僕にとって大事なことは本質を外れないこと。そうすると、「ほんもの」とは何かという議論をしないとね。

「金沢らしさ」とは何か、「ほんもの」とは何か。これを突き詰める必要がある。これを深めると、施策も精度が高まるはずだと。「金沢らしさ」の議論というのは今日までないけれども、これからやらないといけない。

4つ挙げたのは、たまたま僕個人の考えであって、人によって違うはずです。そういうことを踏まえた上で、物事の本質に入り込んでいく議論はこれからの金沢にとって大事なんではなかろうかなと思います。

17　ほんものとは【トークセッション9】

●都市の「ほんものさ」

内田■シャロン・ズーキン著『都市はなぜ魂を失ったか』（講談社）は私が翻訳して出した本ですが、都市の魂というのは、そこにほんものがあるかどうかが非常に重要であると、この本の著者であるニューヨーク市立大学のシャロン・ズーキン先生がいっていたわけです。

本の中にはオーセンティシティという言葉が出てきます。山出さんがおっしゃる意味での「ほんもの」ということは、「Real」ではなく、「Authenticity」。これは、様々なハードとソフトを包括して、そこに精神が宿っているかという意味として、考えてもらいたい言葉です。オーセンティシティとは日本語で真正性、由緒あることという意味に翻訳される、様々な意味を包括した言葉です。

オーセンティシティ、ほんものには、どのような要素があるのかということですが、1つは伝統、2つ目は多様性、3つ目は相互作用、4つ目は自然発生的であることです。この4つを満たした場所が「ほんものさ」（オーセンティシティ）

＊58　建築におけるポストモダニズムとは、合理的・機能的なデザインであるモダニズム建築への批判として出現した建築表現であり、古典的装飾からの引用、折衷主義がポストモダニズムの特徴である。

を持つ場所であるといったのがシャロン・ズーキン先生です。特に4つ目の「自然発生的」ということですが、そういったものがある上で多様性、相互作用が生きてくるのではないかと思います。つまり「ほんものさ」というのは伝統だけでなく、新しいものも自然発生的に重なっていくものだと思うのです。

それは、山出さんがいつもおっしゃっていることで、伝統は古いものが残っているだけではなく、その上に重なっていくものがあってこそほんものである。ただし、なんでも重なっていけばいいというわけではなく、相互関係があるとか、自然発生的であるものが重なっていくことで、ほんものが都市の中でつくられていくのではないかということです。

1960年代に景観が壊されていったというのはモダニズムの建築が並び始めた頃のことで、どこにでもありそうな景観がつくられていくことに対して食傷気味だった我々はポストモダニズム[＊58]の建築を見出してきたのですが、その中で路地や円形広場、多彩なファサードなど少し人間らしい景観にはつながっていったわけです。しかし、ポストモダニズム的な現代の景観は歴史を少しずつつまみ食いしてくっつけているので、そうするとただただ可愛らしい景観が生まれるのです。ズーキン説ではこうしたポストモダニズム的な場所とは何かというと、「場所に対する市場の強調」であるとしています。マーケットが強調されることによって、マーケットが均一な、ポストモダニズム的な場所を生み、結果として場所性を失おうとしていると書かれていました。

ほんものということについて、『場所の現象学』のエドワード・レルフ氏は近年、ほんものの場所のセンスが失われていると論じています。その背景には、空間的移動性、モビリティが増大していることと、場所の象徴性が衰退していることがあると論じています。空間的移動性が高くなるといえば、われわれの時代なら新幹線が挙げられます。例えば新幹線がきて空間的移動性が高まり、場所のセンス、ほんものさが失われていくのではないかという危機感があります。

空間的移動性が高まる中で「ほんもの」の場所を保全するためにはどうすればいいのか。生態系であれば、外敵から身を守って平衡性を保つわけですが、我々は人間社会にいます。『人間生態学』のロバート・E・パークは、我々は生物学的競争による共生コミュニティに文化的秩序を持っているはずであると、その文化的秩序が共生コミュニティをコントロールしているのではないかと論じています。山出さんがつくった様々な条例は、現代的に解釈すれば、結局のところ金沢の文化的秩序であるといえるのではないかと思います。

では、都市の「ほんものさ」を担保するためにはどうすればいいかということについてですが、ひとつには「自然発生的」なものの要素と新しさをどう許容していくか、ということです。つまり景観も含めて歴史のつまみ食いではなく、次世代のほんものづくりにつながる論点を考えていかなくてはならない。だから新しいものは必要だが、ポストモダニズム的なつまみ食いを許していっていいのか、そこをどう区別するのか。もうひとつには「ほんもの」の場所を保全するための「文化的秩序」とはどうやって形成されるのかということ。それには3つ挙げられると思いますが、1つは条例、2つ目にはコミュニティ、3つ目が共有です。

景観を守るためには公有地化しなくてはいけないという話がありましたが、それもこれも日本の建築基準法が各敷地の建築を自由にさせているということがあります。敷地ごとの制限がかかっていることで、結果として連続した景観が非常につくりにくくなっています。その中で我々は場所の価値をどのように共有していくか。いまの法体系の中で非常に難しくなっていますが、その中で公共性や共有という概念が重要になってくると思います。

山出■文化的秩序という言葉はよく分かります。いいなと思って聞きました。自分の土地を駐車場にする、駐車料金を少しでももらいたいために敷地の全域をコンクリートで埋めてしまうことがありますが、僕は条例であってもいいし、基準であってもいいですが、少しでも土のスペースを残しておくという考え方はあってしかるべきだと。先祖が汗を流して耕した農地であれば、ちょっとでもいい、そのことへの思いを緑と花に託し、残しておいてもいいのではないかと。例えば少なくともこれだけの比率の部分は土として残しておくと、こういうものの考え方は普遍化してもいいと思う。そういうことにならないかと、いまのお話を聞いて思いました。

条例とかコミュニティとか、共有の概念化を考えないといけないこともよくわかります。橋はデザインを統一してほしいという話をしましたが、文化的秩序は考え方によっては、コミュニティとか共有というワードと結び付いてきますよね。

内田■個別の敷地の権利が非常に強すぎる。駐車場化を止められないということはそこに尽きると思います。一部緑化するということは条例でもあってもいいと思いますが。

山出■私有の財産権を制約していくということでしょうか。もちろん一般に憲法上の限界もありますが、私は考え方としてあっていいと思います。

●自然発生的な多様性

内田■あらためて繰り返しますと、都市の「ほんものさ」を担保していく上の論点は大きくわけて2つ。ひとつは自然発生的多様性と新しさの許容、つまり「昔はよかった」というノスタルジーに浸らず、かつ選ばれたもののみが生き残るというようなエリート主義に陥らないような「ほんものさ」への視点です。もうひとつは「ほんもの」の場所を保全するための文化的秩序とは何か、ということに関して、公共性という視点から土地所有の権利における基本概念を疑うことです。文化的秩序はこれまで積み重ねてきた条例によって形成されてきました。それで、土地所有の概念を疑うということについて、都市の「ほんものさ」を守るため私権との関係をどう考えたらいいのでしょうか。

いくつかの考え方があると思います。ひとつは共有ですね。これは認識としての共有、空間としての共有です。つまり景観を大切に守ろうという気持ちや、町家やお庭を守ろうという公共性の醸成です。2つ目に公有化。ある程度私権を制限するために、社会性のある価値観のコントロール下におくという必要があるということです。そして最後は場所をみんなのものだと考えるということ。そのとき、五十嵐敬喜先生が提唱されていた「総有」という考え方があります。[*59] これは、例えば所有している人が自由に使えることによってシャッター街化していくことがあるが、そうではなくて、所有している人以外もやる気があれば活用できるように、共同で利用し、地域マネジメントするための考えです。そこでは所有している人は所有しているが、利用する人は利用する、まちづくり会社的なものが近年はあったりします。こうしたものが新しさを生み出し、ハードだけでなく営みを含めた都市の「ほんものさ」を守っていくのではないかと思っています。

ただ、実は「ほんもの」を守っていくことで、「ほんもの」自体が商品価値を持ち、消費され、「ほんもの」という価値観が「ほんものさ」を壊していくことがおきていたりします。これがジェントリフィケーション[*60]（gentrification）と呼ばれるもののひとつで、都市の中でおきていること、オーセンティシティの危機と呼ばれているものです。

山出■「オーセンティシティ（authenticity）」とは「authority」や「authorize」と語源的なつながりはあるのかな。「origin」なのかな。それから自然発生的ということはわかりやすいとおっしゃった。僕もわかりやすいと思います。そこから多様性が生まれる。

*59　五十嵐敬喜・野口和雄・荻原淳司『都市計画法改正 －「土地総有」の提言』（2009、第一法規）参照。

*60　都市において、比較的低所得者層の居住地域が再開発や文化的活動などによって活性化し、結果、地価が高騰すること。地価の上昇により、廉価な住宅の消滅や継続的な所有困難となった不動産の管理放棄などが起こる可能性がある。もとの住人が転出を余儀なくされる問題等ももたらす。

内田■生物学的には多様性が担保されないと生物は生きていけないので、自然発生的という語と多様性という語は常に一体になっているのではないでしょうか。

山出■また多様性があるから相互作用という言葉も出てきますわね。

安江■自然発生的という考え方について質問なのですが、例えばある価値を持つ地域があって、非常に価値のある地域資源がある、そうするとその価値に対しては、自ずと消費行動を行わせようとする装置ができてしまう。それもまた自然発生的な現象のひとつだと思うのですが、そうすると資源としての価値を本来は高めなければいけないはずの装置が、資源を消費ばかりしてしまうことにならないのでしょうか。

それも多様性ということであれば、そのようなプロセスの中で、市民会議とかを通じて、消費装置をどのようにコントロールしていけばよいのでしょう。これは私権の許容の話にもつながると思うのです。装置が上手く機能すれば資源の価値をさらに増幅させるという意味で良いと思うのですが、安易な自然発生がおこれば、それは「ほんもの」ではなくなるという危険性を孕《はら》んでいると思います。プロセス管理も含めて見解をお聞きしたいと思います。

内田■オーセンティシティにはもうひとつ意味があって、それはハード的な保全だけでなく、人の営み、人の存在などソフト的なものも保全されるかということ、中身とも一体となるかということも含まれます。人の営みもオーセンティシティの一面なのです。消費活動が価値を増幅させていくことも事実ですが、それがいずれ人の住むことを壊していくことにもつながります。消費活動が価値を増幅させていくことによって人は住み続けられなくなるのです。地代は上がり、テナント料も上がり、かつてあった人の営みも消費活動によって追いやられることがあり、それがジェントリフィケーションのプロセスのひとつです。それでもそれを「ほんもの」であるという人が居れば、それを止めはしないですが、私は建物の保全だけでなく、かつてあった人の営みをどのように担保するかによっては、ある程度消費活動による価値の増幅を制限していく必要があるのではと思います。そこは何を「ほんもの」ととらえるのか価値観の違いかなと思います。

●金沢で「ほんもの」の景観は

蜂谷■「ほんもの」という視点で見た場合に、金沢のまち、景観の中で、あそこは「ほんもの」だといえる場所はどこでしょうか。例えば兼六園は段差を活かした池泉回遊式《ちせんかいゆうしき》のすばらしい庭園であり、みなさん「ほんものだ」と思われていますが、他にわかりやすい例を挙げてもらえないでしょうか。

内田■営みが保全されている、自然発生的だということからいえば、重伝建地区の一本裏の通りなどがそうかなと思います。ひがし茶屋街でも一本裏の部分ですね。例えば尾張町よりも下新町《しもしんちょう》です。

これはあくまで私の好みですが、私は重伝建地区の一本裏の通りを歩くようにしています。重伝建地区は見た目も綺麗で整備されているけれど、人の営みという点では感じられなかったりします。私は「間の場所」と呼んでいますが、観光地と日常、開発と生活の間、そういうところに「ほんものさ」が残されていると思うのです。

蜂谷■東山でも一本裏の通りですね。私がヨーロッパの世界遺産に選定されたまちを巡って残念に思うことですが、世界遺産として有名になると多くの観光客が訪れ、そのために1階の外壁面をはがして土産物屋やアイスクリーム屋などになっている町並みを見かけます。

一方、金沢をふりかえると、ひがし茶屋街では格子戸を開けて初めてお店であることがわかり、観光地化しても重要な景観は守られています。ただ、そこに住んでいる人々は、復元保存された伝統様式のファサードの建物の中で、当時と異なる職業・ライフスタイルで生活をされています。そういうことも含めて、それは「ほんもの」なのかというと、「ほんもの」と呼べるものがなくなっていきます。兼六園のような庭園では古き良き魅力を残して維持管理がなされていけば「ほんもの」の状態を維持できますが、生きているまちとなると難しい課題があります。

山出■そうすると、いま盛んに、兼六園などでライトアップしているわね。あれは「ほんもの」かな。

蜂谷■あのライトアップの光の演出は「ほんもの」ではないですね。

浦■金沢工業大学の宮下先生がやってらっしゃる五箇山のライトアップは、家の内部から照らしてかつてと同じ風景をつくっていましたね。一方、白川は著名な照明デザイナーが監修したが、外部からまさしく、「ライトアップ」し、往時とは全くことなる風景ですね。派手で一瞬見栄えはしますが、果たしてどちらがほんものの美しさなのか。

川崎■長町のライトアップの話なのですが、そのときに出てきたのが門灯をつけてほしいということだったんです。門灯のあかりに、すすすっとリズムがあって、門灯は私的な物ですが、公的なあかりとして道を照らすのがいいという話をしたのです。宮下先生と、市の方とも一緒に、下新町とか、六斗《ろくと》の広見のライトアップもしたのですが、やっぱり格子から生活の明かりが漏れていたら本当はいいねという話が出てきたんです。それがたぶん「ほんもの」であって、ライトアップのために中のあかりをつけるのではなくて、生活の明かりが漏れていたらいいねと。たぶんそれが「ほんもの」ですよ。

●「ほんもの」と「金沢らしさ」

佐無田■「ほんもの」とは何かという話は、山出さんが話された「金沢らしさ」「癒やし」と絡めて議論できたらと思います。山出さんがいわれたのは「親しさ」「こだわり」「思いやり」でしたが、これらが感じられるとしたら、何となく「ほんもの」だという印象はあります。美術館であっても町並みであっても共通しているものとしてこの4つの要素がある。

これが「金沢らしさ」だと聞いたときに、私は「あれ、普通だな」と最初思いました。「普通」だというのは、金沢だけにある特殊なものではなくて、「ほんもの」を追求すると、そこには普遍的な意味が含まれてくるのではないかということです。あくまでも金沢にこだわった「金沢らしさ」なのですが、真正さというか、人間として大事に思う共通のもの、世界中のどういう人たちからも尊敬される要素になるようなものが入っていて、そこに「ほんもの」らしさがあるのかなと。それが4つもそろっているのはそう簡単ではないと思います。

こういうものを共通の価値観として、金沢にいる人たちが共有できている、そういう空間であるところに「ほんもの」らしさを感じます。所有関係ではなくて、そこにある土地とか建物とかを、どういうふうに大事につくっていくべきなのかということに関して、市民の間で共感して目指すべきものがある、というのが「ほんもの」であり、山出さんのいう「金沢らしさ」なのではないか。

山出▒いろんなものが加わらないと「ほんもの」とはいえないのではないかな。人の思い、感情とか。例えばいま兼六園のライトアップをしているが、あれと絵画や美術を比べれば、やはり絵画には人の営みや感情移入、思考過程が入ってくるよね。しかしライトアップをしてね、それには思いがあるかといわれれば、どうかな。そういうものが「ほんもの」といえるのかな。

内田▒山出さんのご意見を受けて、先ほど紹介した「ほんものさ」の4つの要素（伝統、多様、相互作用、自然発生的）の5番目に「思い」を入れたいと思います。

そして佐無田さんのいったことは普遍性があると思います。昔は歴史的なもの、景観を保全するという価値観は共有されてはいなかった時代がありましたが、そ

*61　心地よさ、快適さなどを表す言葉であり、都市生活における、数値化しにくいながらも必要な価値観を表現する言葉である。ナショナル・トラスト運動ではアメニティとは「運動の根底にある価値観」であるとしている。

んな中でもナショナルトラストがいったのはアメニティ*61（amenity）という価値観です。「親しみ」や「心地よさ」などの金沢らしさはアメニティにすべて含まれる。たぶん合理的に説明できないが、なにか大切にしなければいけないこと、それが金沢が持っている普遍的な価値観なのでしょう。

それが非常にユニバーサルなものとして共有されているのです。それがアメニティだろうと思います。金沢におけるアメニティとは山出さんのおっしゃった「親しみ」や「思いやり」などだと思います。人に対する思いやり、気持ちがあることで真正性が高まるのではないでしょうか。

川崎■金沢に関してですが、粋《いき》を楽しむ心持というか、遊び心ということで、なにかつくるほうも受けとるほうも、それが文化という言葉であってもいいかもしれませんが、そんな遊び心のようなものが生きている気がします。それは古いものだけではなくて、新しいもののアートでもそうだと思いますが、私はこの「金沢らしさ」の言葉の中に「粋」という言葉を入れたいなと思います。わかりやすくいえば遊び心のようなもので、遊び心の中に空間とか時間みたいなものを共有しているのかなと思います。

ひがしの茶屋街は、昔はそういう遊びをやっていたのです。いまはそれがないですよね。なので、いわゆるお茶を飲んだり、お酒を飲んだり、お土産を買うという消費行動こそありますけれど、そこに相互の遊び心はないかもしれない。それで、内田さんは表通りはほんものではないとおっしゃったのだと思いました。

内田 合理性にばかり着目するのではなく、人に対する思いやり、気持ちが含まれているものがほんものだと思います。気持ちといったときに、アメニティも入っていますし、営みも入っていますし、他者に対する感謝とか、思いやりも入っていますし、それが抜けていくと建物だけが残されていても「ほんもの」とはいえないと思います。そこに新しさがあっても、それらのものがあることで「ほんもの」さが担保されていきます。そういう議論ができるかなと思います。

18　新しさとは【トークセッション10】

●新しければ良いものか？

高山■山出さんからは、「ほんもの」というキーワードとともに、「新しさ」というキーワードも出されていました。「新しさ」についても議論できればと思いますが、金沢21世紀美術館が何度も金沢の新しさの象徴としてこれまで議論に出てきましたよね。

浦■金沢21世紀美術館はこれまでの閉じられた空間としての美術館、どっしり構えた彫刻的なものではなく、どこからでも入れる開放的な平屋建ての特異な美術館ですよね。「こだわり」や「親しみ」といった金沢らしさも含めながら、「新しさ」と「ほんもの」が重なったものかなと。

それとは別に、「新しさ」ということでいうと、しいのき迎賓館でプロジェクションマッピング[*62]が行われました。確かに新しいし、とても刺激的だと思いますが、ただ、ディテールを見ていくと、ほんものの金沢とは言い難い部分もあり、「東京の人から見た金沢」的なところもあるなと思いました。

＊62　建物や物体、あるいは空間に対し、プロジェクターを使って映像を投影する技術。対象の形状を利用して効果的に映像を見せるなど、映像と空間を活用した表現が行われる。金沢では、2013年度から、夜のにぎわい創出事業として、金沢駅鼓門、しいのき迎賓館、金沢城の石垣等に投影してプロジェクションマッピングが行われている。

一時的にまちにたくさん人がきて、それは良かったが、それが「ほんもの」であるかどうかを第三者的に見る人がいて、ちゃんとそのあたりを指摘できるかという問題を考えていかなければいけない。映像自体の良し悪しではなく、そういうやりとりの中に高い文化性が生まれてくると思いますし、そこからさらに質の高い作品ができてくると思います。

●垣根を取り払うデザイン

吉村■金沢21世紀美術館にはSANAA（30ページ参照）のスタッフとして設計の最初から関わらせていただきました。山出さんが当時おっしゃっていた「街なかに賑わいを取り戻したい」「割烹着でも出入りできる美術館」というイメージが一貫していたと思います。

そもそもSANAAのデザインは威厳のある美術館の構えとは正反対で、威圧感、存在感を弱めた建物が多いですが、金沢の場合は誰でも気軽に入れるという考えがベースにありました。なぜかというと、立地条件が大きいと思います。街のど真ん中で、兼六園や商店街に近く、人々が行き交う場所が敷地でした。当時は高いフェンスや石垣で周辺と完全に隔絶されていましたが、垣根を取り払って人の流れをつくれば、とてもポテンシャルの高い場所になると考えました。

どの方向からくる人も正面から迎え入れたいという思いが、あの丸い形につながっています。山出さんのお考えとＳＡＮＡの提案が合致していたことが、プロポーザルで選定された理由だったのではないかと思っています。

プラスアルファの「新しさ」をつくろうと意識していたかというと、違うように思います。もちろん、建築的に新しいものをつくりたいという思いはありました。それは、外観をどうするといった単純な話ではなくて、もっと建築の本質というか、美術館としての使い方や機能を高いレベルで担保した上で、いかに新しく使えるかということをものすごく考えていました。

使い方の提案を求められていたわけではないのですが、それを考えたことがプラスアルファの新しさにつながっていると思います。結果的に「新しさ」を備えた美術館ができたとは思いますが、金沢の街なかに異物を入れようという考えは全くありませんでした。

建物の周りには余白空間というか、広場があります。敷地と建物の大きさのバランスという観点で、美術館の大きさや、丸い建物の直径も議論しました。必要な機能を盛り込んでいくと直径は大きくなるのですが、大きすぎると周りに威圧感を与えるし、床面積が広いとランニングコストに影響します。議論を重ねて現在の大きさに落ち着いたわけですが、議論相手の金沢市役所の担当者を通して金沢の人の意識や常識が入り、そのおかげで、町並みとして座りのいいたたずまいに落ち着いたのかもしれません。

浦■金沢21世紀美術館は自然発生的にああいう形でおこったと思います。山出さんがあそこに伝統は要らない、現代建築を入れようと、街なかに現代美術を持っていこうという考えには当時の金沢人は理解しにくかったと思いますが、いわれてみればすぐそばに兼六園や石川県立美術館、石川県立歴史博物館もあるので、新しい文化をつくり出すためという観点からいえば、とても自然な考えだったのではないかと思います。

山出■僕は新しいということと、異質は違うと思います。新規プラス異質。これをうまいことまとめるのが調和ですね。またそこに自然と必然が生きてくるのではないかと考えています。

角谷■金沢21世紀美術館が長持ちするのは、建物の表面をガラスにして中が見えるからだけではないと思うのです。そこにコンテンポラリーアートを持ってきたからです。なぜかというと金沢に伝統があって、それとの対比があるからこそ、いまも金沢21世紀美術館が息づいているんだと思っています。

屋外広告物も同じだと思うのです。名もないものや、アウトサイダーなものもたくさんあったりするなかで、専門家だけでなく一般市民の目も入れて変えていくことで、新しいものが築かれる、まち自体が新しくなっていくのではないかなと思います。

●プラスアルファの「新しさ」とは

佐無田■角谷先生の屋外広告物規制のお話では、いろいろと出てくる要求に対して、改善の提案や景観への配慮などのプロセスを経て、数値では決められない認識によって「新しいもの」を生み出していくという内容だったと理解しましたが、これは山出さんのおっしゃるところの「調和」のほうであって、「プラスアルファ」の「新しさ」のほうではないと思います。これに対して、金沢21世紀美術館にはプラスアルファの「新しさ」があると感じます。プラスアルファのところにも金沢としての「ほんもの」が貫かれるというのは、「調和」の精神だと思いますが、ではプラスアルファ、つまり「新しさ」とは何かという議論はまだなされていないのではないでしょうか。

吉村さんのいったことも、私は「調和」のことだと思います。新しいものをこの金沢の文脈に落としこむ際の丁寧さによって、景観であれ同じように、金沢の「ほんものさ」にすり合わせるプロセスがあるからこそ、本当に新しいものになっていくという、その調和の過程だと思います。でもその前に、あの場に現代美術を持ってくるということは異質の要素があり、それは奇をてらうものではなくて異質なものであるという、それは一体何なのかというところが問題です。異質であれば何でもよいというわけではないですよね。

川﨑■自然というのは無理がないということでしょう。そして新しいということは無理があるかもしれないということではないかなと思います。

佐無田先生のお話ですが、パリのことを考えますと、オスマン[*63]が画期的なまちの大改造を行った。エッフェル塔は、橋梁の技術を縦方向に使った大胆なものでしたが、当時は相当反発がありました。それからポンピドゥーセンターができたときにこれも大きな反対がありました。またパリのグラン・プロジェ[*64]とか、ガラスのピラミッドとか、新凱旋門とかできましたよね。とても実験的で、異質なものも、どこか画期的につくっているじゃないですか、パリのまちでは。あれがプラスアルファの部分じゃないかなと。

*63　ジョルジュ・オスマン。1853年から1870年までセーヌ県知事の地位にあり、その在任中に皇帝ナポレオン3世とともにパリ市街の改造計画を推進した。

*64　ミッテラン大統領による大規模施設の建築プロジェクト。グラン・ルーブル（ルーブル美術館の大改造計画。ピラミッドはその一部）、国立図書館、バスチーユの新オペラ座、グランダルシュ（凱旋門型の国際通信センター）が建設された。

あそこに伝統と異質さのせめぎあいがあって、デザインの創造や議論がおこりますが、そういうことを連綿とやってきているまちがパリだと。金沢はどうかと考えたときに、金沢21世紀美術館の位置づけとしても、画期的な、異質な美術館をつくりながらもSANAAのコンセプトではかなり調和ということを考えられています。必要以上にボリュームが出ないような工夫をしていて…、それができて金沢21世紀美術館が受け入れられたという気はしますね。

山出■僕は異質は大事だなと思うのですが、ところが異質を大事だと思うがゆえに、奇をてらってはいけないと、こういいたい。異質と奇をてらうことは違うと思うね。しかしそれをうまくいえないのだ。上手に説明できないから、理性や感性だといっている。ちょっとごまかしているかな。

佐無田■いまのお話から、まだ十分整理できていないですが…、まず貫かれている「ほんものさ」があって、そこにもうひとつ僕なりに思うところでは、「時代」かなと。伝統にプラスアルファで、これまでの歴史が積み重なってきたわけですが、やはり時代は動く。次の時代に求めるものが新しいものなのでは。

山出■エッフェル塔であったり、新凱旋門というのは時代だなと、そういうことですね。

蜂谷■金沢21世紀美術館の新しさについて、キュレーターの長谷川祐子さんたちが建築雑誌の『新建築』（2004年11月号）で次のような主旨の説明をされていました。

長い歴史を通してこれまでの著名な建築物は、劇的な空間や形態をつくることを狙っていて、それはモノを構築する論理といえる。一方、金沢21世紀美術館はむしろ場を形成する論理でできている。モノとしての建築の迫力を狙うよりも、むしろ人々の活動を誘発する場をいかに形成するかを目指している。つまり建築をつくる論理が根底から違うこと、この発想が新しいと。私もその通りだと思い、授業で学生に教えています。

確かに金沢21世紀美術館は、多くの建築家が追い求めてきた形態や空間の迫力を目指していないように見えます。あの建物の立面図を描こうとしても、サッシュもない透明なガラスだから描くことができません。我々はガラスの向こう側にいる人々の活動を見ていることになります。

いくたびに変化して見える場所の状況は、刻々と変わる時間風景といえるかもしれません。このあたりが、建築をつくる論理がこれまでと明らかに異なることでもたらされる新しさであろうと思います。

*65　2012年9〜11月に審査が行われた新国立競技場国際デザイン・コンクール。2020年東京オリンピック・パラリンピックのメイン会場となる国立競技場のデザインコンペを行い、ザハ・ハディドのデザインが選ばれた。しかし、その後、建設費用の高騰等の問題から批判が大きくなり、2015年7月に新国立競技場整備計画はデザインを含む建設計画を白紙撤回して再検討されることとなった。ここでは、2012年のデザインコンペ時点の話をしている。

●現代に何をデザインするのか

小津■新しさをどう入れていくかということに関連して、唐突ですが、新国立競技場の採用案について、みなさんどう思いますか。2020年の東京オリンピックに向けて建設される新国立競技場のコンペ*65でザハ・ハディドの案が採用されました。そのことであらためて公共建築のあり方についていろいろな意見が出ています。建築家ザハ・ハディドは素晴らしい建築家ですが、形の好き嫌い以前に、これだけ成熟した国がいまさらこの様なモニュメンタルなものをつくる必要があるのか、オリンピック誘致のコンセプトも含めて、考える必要があるのではないかと思います。前回の東京オリンピックは戦後の新たな日本を目指し、国家の躍進を掲げ世界の表舞台に出るために必要だという大義があったと思いますが、今回のオリンピックは果たしてどのようなテーマを持ちうるのかを考える必要性を感じるのです。

時代の要請に応じて素晴らしいハードをつくって、それが文化や経済を牽引する、それでよかった時期もあったと思います。しかし、ハードとソフトの組み合わせが求められる時代へと変化してきた。そして、山出さんは市長として、まさにそのハードの前提となるソフトウェアもセットで様々な仕組みを提示して実践してこられたかと思います。いま、さらにそれらの仕組みを継続させるためのプラットフォーム、あるいはOS（オペレーションシステム）といってもよいと思いますが、持続していく仕組みづくりというものがハードをつくる人間にも求められているんじゃないかと思っています。

秋元■ザハのプランはここ最近の日本人の気分からは出てこないような建築デザインです。規模が大きく、力で周辺景観をねじ伏せていくような感じで、スクラップ・アンド・ビルドの発想そのもののようでもあり、デザイン的にも非常に独創的、ある種の醜悪さをも感じさせるようなデザインです。少なくとも可もなく不可もなくといった日本的な中庸な建物ではない。異物を挿入していくような、対立をつくり出していく建築です。結果反対意見が出てきた。デザインもさることながらそれを選んだ委員会の判断基準や美意識に対しての反発もあると思います。

東日本大震災が起きて、我々は足元を見直す形で都市やそこで繰り広げられる生活を再設定する気運が起きた。コミュニティを見直し、建築物や公共空間についても見直していこうというふうになった。開発ということに対しても同じで「考えながらやろう」と思っている。

ところが東日本の復興バブルや2020年の東京オリンピック決定以降の雰囲気を見ると、また土建国家というか、開発型のスクラップ・アンド・ビルトの国づくりになってきた。躊躇《ちゅうちょ》なしの「開発」になってきた。まるで途上国の活気の中にいるような感じで、大型の開発や投資が歓迎されている感じです。やけに浮かれた感じがしますね。どうやって新たな国づくりをしていくかとか、地道にマイナス部分を取り去っていくことや、生活環境の足元を固めていくという地味なことではなくて、やっぱり2020年に向けてどんどん開発していこうみたいなムードになりつつあるのではないかと思います。

建築コンペの最後にSANAAとザハ・ハディドの案が残っていました。私は個人的にSANAAの案がいいなあと思っていました。周辺との調和や、日本的な美しさ、繊細さといったものがSANAAの建築にはあり、なおかつ生活者の視点があるように思ったからです。もう一方で大陸的な力強さといっていいと思いますが、ザハ・ハディドの建築がある。中国や中東といったいま最も勢いのある成長国家の中では人気のザハ・ハディドです。明確なメッセージ、他を押し退ける強さ、強烈な個性の持ち主です。どちらが選ばれるのかと思ったらば、結果ザハ・ハディドが勝ちました。私が興味を持ったのは選ばれたザハのデザインよりも、選んだ日本のコミッティの考え方です。どのような国の将来像を見据えているのかなあと思います。

災害の多い日本で、生活者の視点で互助、扶助の概念が残るコミュニティ社会をどう維持して、やっていくかは大切なことですが、なかなかそちらに意識が向かない。国や企業の論理が勝つ。その一方で国際的に見ると中国やインド、中東の国々などの新たな大国が生まれつつあり、日本のポジショニングも変化してきている。このグローバル経済の国際社会の中で、また東アジアの中で、どのように日本を位置づけるかもむずかしい問題です。中国やインドとの競争を選ぶのか、別の生き方をするのか問われているところです。どういう社会を実現するか、どういう国にしていくかは、東京という大都市の中からだけではなく、地方のリアリティから金沢でも考えていくべきだと思います。

＊66　http://www.tatemachidaigaku.jp で概要を知ることができる。

19 「金沢らしさ」をつくるために【トークセッション11】

佐無田　それでは、金沢で具体的にこれからどのように「新しさ」を考えていくか。ここで、金沢まち・ひと会議の3人のメンバーから、これまで取り組んできたことを含めて問題提起してもらいたいと思います。

「金沢はもったいない」から始まったタテマチ大学

宮川　山出さんのお話に「金沢らしさ」というのがありましたが、僕の仕事は「らしさ」をつくることなんです。僕は映像をつくったり、ポスターだったり、ホームページだったり、広告を手がけているわけですが、いろんな会社・商品・サービスの個性をデザインすることは、つまりブランディングであり、ブランディングとは「らしさをつくることである」と僕は思っています。

こんな仕事をしている自分が、２００９（平成21）年からＮＰＯの活動を始めました。タテマチ大学＊66といいます。竪町のまちの真ん中に学校の教室を模した空間をつくりました。これまで百数十名の方に先生になっていただいて、市民のみなさんが無料で話を聴きにくる。部活動と称した活動では、ちょっとしたコミュニティができたりしています。自然と市民のみなさんが集まって、みんなでワイワイ、ガヤガヤやっています。

タテマチ大学を始めた理由は、「金沢はもったいない」と考えたからです。何がもったいないのか。中心市街地には面白いイベントや、すてきなコンテンツがたくさんある。でも、市民のみなさんって知らないんですね。参加しているのは、同じ顔ぶれ。どうやら主催者、運営側の人たちが声をかけて一生懸命集めた方々であろうと。広報に力を入れていないのか、魅力が広く伝わっていないのか。だとしたら、ブランディングや広告を生業にしている自分たちがやったらどうなのかと。僕たちが持っている専門的な知識や感覚を採り入れながらイベントやコンテンツやコミュニティをつくってやってみたらどうなるんだろう？　というのがタテマチ大学なんです。

タテマチ大学では、通常の授業はだいたい満席になるんですね。集客に困ったことはないです。たくさん広告をしているわけじゃないです。やっていることはホームページとメール配信、これだけです。

最近やった3回の授業は定員40名のところキャンセル待ちで100名を超えま

した。僕たちは何も働き掛けていない。そして毎回同じ顔ぶれではない。市民のみなさんがその授業に興味があるからくる。その先生に興味があるから話を聴きにくる。

商品やサービスが売れない理由って何でしょう？ 理由は2つしかないんです。「考え方が悪い」か、「伝え方が悪い」か、そのどちらかです。仮に金沢がひとつの商品であるとするなら、商品の「考え方」は良いはずですね。コンテンツとしては素晴らしい。僕は「伝え方」の部分に問題があるんじゃないかなと疑っています。

●意外性で注意を引く

伝え方をどうするか。ここからはテクニカルな話になります。「ＡＩＤＭＡ《アイドマ》の法則」って有名なのですが、人々が何かしらの情報を得てイベントにくるまで、商品を購入するまでの流れがあります。まず人は注目します（Attention）。そして興味を持って（Interest）、欲求を募らせる（Desire）。記憶して（Memory）行動を起こす（Action）。ちなみに最近は、興味を持ったら検索（Search）をする。行動をおこしたあとは共有（Share）します。インターネット、ＳＮＳ時代ですね。

いずれにしても大事なのは最初の「Attention」をどういうふうに獲得するか、いかに注目してもらうか。注目を集めるために必要なのものは何か。大きな声を張り上げてもだめですね。あるコマーシャルみたいにうるさくすればみんなが見てくれるというものじゃない。大事なのは「意外性」です。

大きな丸をつくって大声を出しても目立たない。注目しませんよね。そんなものはいっぱいある。想定内ですね。大きな丸の中で、ぽつんと小さい丸がある。これが意外性です。

タテマチ大学。先ほど「集客にあまり困りません」というお話をしましたが、要因のひとつはイベントタイトルをいかにチャーミングにするか。タテマチ大学と類似するイベントって、いわゆる講演会なんです。講演会のタイトルがまさかこんなヘンなタイトルなわけはないですよね。これは意外性だと思うのです。

●磨いて、研ぎすませて、本質を伝える

例えば、金沢市議会議員の授業をやりました。議員の講演を誰が聴きにくるんだという話なんですけど、きっちり50人以上集まるのです。キャンセル待ちも出るのです。その理由は何かというと、「オニイチャン議員！なんで年度末は道路

工事が多いの？」というタイトルだからです。その先生になってもらう議員さんのことを、みんな知らない。知らないのに、おもしろそうだからきちゃう。こういう伝え方をするというだけで集客はがらっと変わるという一例です。

松下幸之助さんの名言に「製品は商品にしないといけない」というのがあったと思います。製品をつくる。開発力というのが確かにある。でも、その魅力を伝えることができないと、商品としてマーケットは認めてくれない。そういう意味で製品を商品にしろといっているわけですね。言葉なんですよ。あるいは絵なんです。その製品の魅力をいかに言葉と絵にしてみせるか。これがポイントだと思うのです。

コンセプトをつくれる方はこのまちにはいろいろいらっしゃいます。あるいはプロデュース能力のある方もいらっしゃるのです。問題はプロデュースしたものを、いかにプロモーションをしていくか、PRしていくか。

プロモーションに必要なデザインというのは、装飾や演出する意味合いのデザインじゃない。金沢らしさ…つまりブランドを伝えるときには、装飾していくと逆に「らしさ」が損なわれるのです。いかに独自性を発揮するかというところがプロモーションのポイントです。そこが間違っていると思います。デザインするということは演出することじゃない、装飾することじゃない。

何かをデザインするとき、何かを伝えようとするとき、他社と差別化しようとか、他の都市といかに差別化するかと頭で考えませんか。差別化しようしたら、小手先で何かを足すようになる。そうすると、大事な独自性が失われかねない。本質が見えなくなる。

青い丸の集合体の中に唯一薄いブルーの丸があるとしましょう。差別化をしようとしたら、はたから見ると薄いブルーも一緒くた、外からはぜんぶまとめて青にしか見えていないんですね。金沢を差別化しようという頭でやると、たぶんこういう状態になる。僕らは水色だ、紺色だ、差別化だといってるわけですが、青は青なんですね。

だから、こうしないといけない。「円の外に点を打つ」。青い丸の集合体の中で、もっと青緑に見せようとか、もっと薄く、濃くということではなく、例えば金沢はもともと独自の色をもっているんだから、そのまんまの色を見せればいい。我々の独自性、金沢らしさというものを磨いて、磨いて、研ぎすませていくことがデザインなのです。その結果、独自性が伝わり、しっかり識別される。差別化なんてしなくていいんです。独自のアイデンティティがあるんだから。いかに円の外に自分たちの点が打てるか。これがプロモーションだと僕は考えています。

ですから「金沢らしさ」というものをこういう機会で勉強させてもらうことは、プロモーションをやる我々にとっては非常に大事なことです。よけいなことをやっちゃいけない。へんな演出や装飾をして金沢を伝えるのではなく、金沢の本質をつかまえて、それをそのまま表現しなくちゃいけない。表現する前に、金沢の本質を知る。そういう順番だと思うから、もっと金沢を勉強して深く考えられるようにならなくちゃいけないですね。

●金沢の建築マップを通してまちを楽しむ

宮下■私は金沢工業大学環境・建築学部の建築デザイン学科で教えております。専門は建築の構法・意匠デザインをベースとしています。最近はサステイナブルデザインを中心として歴史的なものやストック建築をどのように再生、活用をしていくかという部分に重きを置いて活動しています。

２０１１年から「カナザワケンチクサンポ」というタイトルの建築マップ[*67]をつくっています。近年、鈴木大拙館や金沢21世紀美術館など魅力的な現代建築が金沢にたくさん建てられてきたことから、金沢市から建築文化をできるだけ広く発

*67　カナザワケンチクサンポのマップは金沢工業大学のホームページで公開されている。
http://www.kanazawa-it.ac.jp/kitnews/2013/kenchikusanpo1.pdf
http://www.kanazawa-it.ac.jp/kitnews/2014/20140329_kenchikusanpo.pdf
http://www.kanazawa-it.ac.jp/kitnews/2015/kenchikusanpo_vol3.pdf
http://www.kanazawa-it.ac.jp/kitnews/2015/kenchikusanpo_vol4.pdf

信していきたいというお話がありました。当初は「建築に特化したマップができませんか」というお話だったのです。

どのようなマップを作成するかという議論の中で、今回のマップでは建築を単体で見せることだけではなく、点在する建築の歴史的系譜やそこに建築が建っている意味も含め、町並みとその中にある魅力的な建築を合わせて総合的に見せたほうが、より分かりやすく金沢の建築の魅力を伝える事ができるのではないかというような話をしました。その結果、観光客のみではなく地域に住む人々も、散歩をしながら町並みの中に建築を見て楽しむようなマップをつくろうという提案に行き着きました。

例えば、里見町のエリアでは用水に対して行き止まりになっている細い道がありまして、一段降りますと以前は生活用水として使われていた場所が残り、用水に触れることができるような場所があります。他にも、住宅に入るために用水の上に架けている橋を、みなさんが思い思いの形で楽しみ、魅力的な景観をつくり出しているエリアもあります。また柿木畠《かきのきばたけ》で地名の由来である柿の木を探してみましょうといった、歴史などを考えながら歩いてもらうことも楽しいのではないかと思うのです。そんな新しい発見が日常の風景の中にあるようなマップをつく

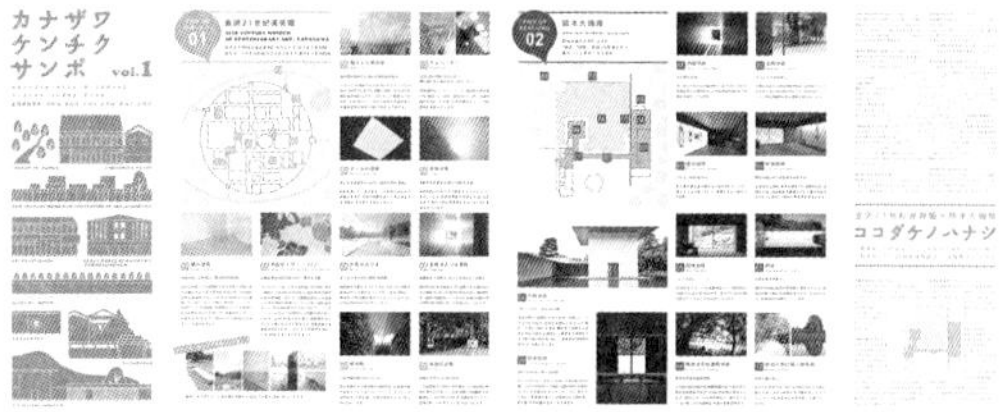

金沢建築散策マップ「カナザワケンチクサンポ」のvol.1（部分）

りました。様々な時代の建築と人の生活が折り重なって生まれた、いきいきした景観を人々に楽しんでもらいたかったのです。

２０１２年度は、金沢21世紀美術館周辺エリアのマップを作成しました。２０１３年度は金沢駅から香林坊、しいのき迎賓館までのエリアを楽しく歩けるようなコースを対象とした第２弾をつくりました。２０１４年度はさらに寺町から西の茶屋街、長町辺りのエリアを回れるようマップを作成します。このようにエリアごとにシリーズでマップをつくっていき、最終的には中心市街地全体をつなげていけると面白いのではないかと思っています。

その活動の中に、ぜひこれから加えていきたい話があります。それはどんな人たちがそこに動いているのか、どんな人たちがそこに生きているのか、という「人」に焦点を当てた情報もマップに落としていきたいなと思っています。

金沢のまちの本質をより魅力的に伝えていくには、そこでどういう生業があって、どういうものが動いて、どのように人々の生活が営まれているのかということを見せる必要があるのではないかと思っています。できれば建築や町並みといったハードのマップと、そこで行われる活動や人というソフトのマップが合わさって分かりやすく示すことができるようになれば、本当にいきいきしたまちの

*68　http://www.kanazawagakusei-compe.com/2015/index.html で概要を知ることができる。

姿が見えてくるのかなと思っています。

●歴史的空間再編コンペティション

宮下■2つ目は、2011年から「歴史的空間再編コンペティション」[*68]というコンペの実行委員長をやらせていただいています。第1回は、妹島和世さんに審査委員長をお願いしてコンペを開催しました。魅力的な歴史と文化を持つ都市である金沢と、学生のまち金沢というコンセプトをうまく合わせることはできないかという発想から生まれたコンペです。全国の学生が自分の住んでいるまち、もしくは生まれたまちから歴史的空間として魅力のあるものを見つけ出し、それをこれからの時代に合わせてどう再編していくかというアイディアを提案するものです。全国からそのような提案を集め、学生という若い世代が文化と歴史を持つ金沢に集まり熱い議論を繰り広げるのはとても意味のあることだと考えたからです。

昨年は300名程登録がありました。そのうち、北陸3県からの参加は20%に満たず、80%は県外からの参加でした。実に日本全国30都道府県から参加をしてくれました。全国各地から非常に魅力的な「歴史的空間の再編案」が紹介され、とても有意義な議論が行われました。審査の経過も公開することで、歴史的空間

＊69　アーカイブ（archive）とは、重要記録を保存・活用し、未来に伝達することをいう。

再編について学生や建築家が自由に議論し考える場所として、発展していってくれればと願っています。

さらに、そこに集まったアイディアをしっかりとアーカイビング＊69して、歴史的空間再編マップもつくっていこうと思っています。全国にはどのような歴史的空間が残っているのか、それらの歴史的空間をどう捉えて、どう向かい合っていくかというアイディアを、「歴史を持つまち金沢」が残していくことは、文化を担う都市として重要だと思います。また、これにより学生に対してそういった意識も高めることができればと思ってやっております。コンペを運営する金沢の学生や、参加してくれる全国の学生のネットワークも生まれてくれたらいいなと思っています。

●工芸の集積化

秋元■これから実施したら面白いのではないかという施策を荒っぽく挙げていきます。

まず工芸の集積化。北陸、金沢だからその産地のものしか扱わないと考える必要はありません。周辺で産する工芸はもちろんのこと、場合によっては全国から工芸が集まってきてもいいのです。北陸地方、金沢というのを一種の港、工芸が集まってくる、または発信する港という考え方をします。このとき金沢は背後に生産地を抱えた流通の拠点となる。北陸地方の、あるいは全国の工芸の集積地になる。また、それを運び出していく先は、日本だけではなく海外でよいわけです。国際的な工芸の港になるということです。

規模はそれほど大きくなくてもいいのです。大きな文化的な港（拠点）は香港や、あるいはシンガポールになるでしょう。そこと同じ方向で競っても無駄ですから、規模よりも質を重視していく。香港とシンガポールは、東アジアの文化の集積地、流通拠点になろうとしていますが、そことどうつながっていくかはこれからの課題です。具体的には、国際的な展覧会、アートフェア、オークションなどが定期的に開催されていくでしょうから、それを足がかりとした他地域とのつながりが大切でしょう。東京経由ではなく、直接、国際都市とつながっていくのです。

ひとつの具体例なのですけれども、例えば広域的な文化圏が形成できる「九谷焼」というものに注目して、古典から現代までを貫通する「大九谷文化ネットワーク」ということが考えられます。「九谷焼文化」を軸にした地域の文化連携です。九谷焼の興味深いところは、江戸初期から現代まで断続的に続いているのですが、時代によって生産地が違い、またそれぞれで違った焼物をつくっていることです。窯場が広域的に存在し、それぞれ特徴的な九谷焼を生産しています。金沢、能美、小松、加賀と、石川南部を占める4市にまたがっています。時間的にもエリア的にも大きな広がりを持っている磁器です。九谷焼の多様性は、実は時間軸の中だけで生まれたのではなく、場所の風土性や文化性の異なりも反映しているのではないかと思います。時間的、空間的な広がりの中で文化を体験するということはとても豊かなことです。

また、漆芸についても同様なネットワークをつくり出すことができます。輪島を中心にして、山中、金沢といった漆芸の三地域を結べば、九谷焼と同様に北陸の漆芸の豊かな広がりを魅力的に伝えることができます。こういった産地の連携は、見る人にとっては楽しいものでしょう。文化の豊かな広がりと奥行きを、旅を通じて体験できるからです。

例えば、九谷焼という括《くく》りで、美術館での特別展の見学から始め、周辺の窯場や作家のアトリエの訪問や気に入ったものを販売店やギャラリーで購入するといったように、古九谷の名品や現代作家の作品や腕の良い職人の生活工芸品を幅広く体験できるのです。それを数日かけていってもらう。展覧会の2~3時間の鑑賞からでは得られない充実感を得ることができます。

重要なのは九谷や漆のネットワークをその土地と結びつけて実施するということです。それによって場所の歴史や風土、生活文化と工芸とを結びつけていくことができ、工芸を土地と結びついた根の張ったものにしていくことができるのです。単に作品だけの展覧会だけでは伝わらない本来の魅力です。

●工芸の国際化のために

さて、こういった強力な磁場を持ったネットワーク型の文化拠点をつくり、工芸の国際化を図っていきます。

国際化とは、広く世界的な視野で新たなファンを見つけることです。闇雲に海外に出ることではありません。金沢、北陸で生まれる質の高い工芸を理解してくれるファン層を広い世界から探すということです。ですから国際化のひとつの意義は、世界各地からファンを見つけること、ターゲットを再設定することです。それによってコンテンツも変われば、流通も変化していくでしょう。

そのとき、先駆けとなって道を切り開いていく役割を持つのが、芸術性の高い工芸、それにデザイン性の高い工芸です。どちらも現代文化の先端に接続していけるだけのクオリティ（質）とクリエイティビティ（創造性）を兼ね備えていなければなりません。これに力がなければ、どんな優れたアイディアも説得力をもたないでしょう。重要なのは、実際に、人々の気持ちを動かすことができる優れた芸術作品やデザイン製品なのです。

あくまでも供給するものと需要者とのマッチングに集中します。ただしクオリティを高めるという方向でこの動きを進めていくこと。量ではなく、質にこだわること。その上で国際的に活動することは重要です。そういうものを通じて、また世界的なレベルにいけるように工芸作品そのものをブラッシュアップし、深めていく。それは2つの方向で進んでいくと思います。工芸の「現代美術化」と、「デザイン化」というベクトルです。これはもちろん伝統の再解釈がベースにあります。それに地域性、風土というものも忘れてはなりません。

●「工芸建築」というアイディア

別の例をご紹介します。造語ですが、「工芸建築」というものです。新たな工芸の取り組みとして街なかのシンボル的な存在になるのではないかと思います。こういうものはいままで存在していません。この発想は「金沢まち・ひと会議」

の議論の中で生まれたもので、まだアイディアレベルですが、発展させると面白い概念になるでしょう。

工芸的ディテールを持つ建築、あるいは構造物ということです。例えば、京都の平等院鳳凰堂などの平安時代に見られる荘厳という考え方によって生まれた装飾性の強い仏教建築や美術を頭に浮かべてもらえると、ひとつの例としていいと思いますが、あれらは見方を変えると、漆、木工、金工など、工芸的な美意識や技術によって生まれたものと考えることができますし、工芸の集合体とも考えられます。つまり建築ではあるけれども、一方で工芸の総合した姿ともいえる。それほど、工芸的な特徴に満ちたものです。

全体は建築としてカテゴライズされるので、工芸的な見方は背後に隠れ、建築の中の装飾部分として部分的な存在となり矮小化して考えがちですが、実際は屋根、柱、壁などの大工仕事も高いレベルの職人的センスで制作されており、意訳ですが、美的、工芸的レベルで存在しているといってもいいものなのではないかと思うのです。

だから工芸的な概念を建築的なスケールに拡大して、その中であらためて工芸を捉え直してもいいのではないかと思います。そして拡大された工芸概念をテコに新しい工芸を創造していくのです。そのときのキーワードは「材料と技法」、別の言い方をすれば「素材と技術」ですが、これをどのように捉えるかにより、「工芸建築」という考え方は、いかようにでも変化していきます。

近代のモダン建築の中でも応用可能ではないかと直感的には思います。「工芸的」「職人的」「ものづくり」といったあたりの言葉の持つ意味を再解釈し「工芸建築」を概念化するといいのではないかと思います。ちなみに工芸概念の捉え直しは、未完成ですが、第1回、第2回の「金沢・世界工芸トリエンナーレ」と「工芸未来派」[*70]展の中で行っています。

「工芸建築」というプロジェクトは、古い町並みの単なる保存ではないですし、また、これまで見慣れたパブリックアートの範疇でもないので、実際にどういう位置づけにするか迷いますが、金沢21世紀美術館の別館のような、あるいはサテライトのアートプロジェクトとして実施していくのは可能なのではないかと思います。

ちょうど私が以前関わった直島アートプロジェクトにおける「直島・家プロジェクト」[*71]のようなもので、ひとつの芸術作品、工芸作品として制作するということです。エリア連動型の作品制作といいますか、場所と作品を同時に扱うサイトス

*70　2012年4～8月に金沢21世紀美術館で行われた、工芸の“現在性”と“世界性”を問う企画展。秋元雄史館長自身がキュレーターとして携わり、作品解説も行った。

*71　「ベネッセアートサイト直島」の活動の一環として、直島・本村地区において現存していた古民家を改修・改造し、現代美術作品に変えて展開するプロジェクト。1998年からスタートし、現在、「角屋」「南寺」「きんざ」「護王神社」「石橋」「碁会所」「はいしゃ」の7軒が公開されている。

ペシフィック・アート[*72]といった範疇で「工芸建築」を考えることができます。
金沢でも「金沢アートプラットホーム2008」[*73]として、街なかで古民家やビルなどを使った現代美術展を開催しました。このときは作品を旧城下町エリアの19か所に点在させました。作品は、仮設であり、現代アートだったので、内容が若干違いますが、構えは同じです。家や場所に作品が置かれるというのではなくて、家全体、あるいは場所そのものが作品化している、アート化しているということ。それがそのまま、まちの景観をもつくっていくということです。そしてそれが複数存在するようになると面的な説得力、影響力が生まれるでしょう。例えば街なかの社寺仏閣の存在が、ある特別な文化ゾーンをつくり出すようなもので、「直島・家プロジェクト」の効果はこれに似ています。これは基本的には工芸のプロジェクトですが、同時に新たな町並みの形成、文化の醸成でもあります。

*72　特定の場所に配置することが意味をもつ芸術作品であり、地形、風土、気候など、周辺の環境との関係性を持つことで存在している。

*73　2008年秋に金沢21世紀美術館が主催したプロジェクト型の展覧会。金沢の街に暮らす人々とアーティストが協働する場を生み出す試みとして、国内外のアーティストが参加し、金沢の街の至るところにアート作品を展示した。

20 まちづくりの哲学【トークセッション12】

高山 さきほど山出さんから市政の哲学に関するお話もありましたが、最後に、みなさんから山出さんに聞いておきたいことはありますでしょうか。

筋を通す

秋元 市長という立場で何かを実現しようと思うと、調整型で進めざるを得ないようなところがあると思うんですね。しかし、山出さんは市長時代に妥協せずに随分いろいろなことを実現してこられた。様々なものと闘ってやってこられた。前に進むために妥協もしたかもしれませんが、それだけではいいものにならないので強い意見もいったと思うのです。それに先進的なことをするのに仕組みがついてこないこともあるでしょう。仕組みが問題だとしても、そう簡単に変わるわけじゃないので、結局現行のルールにのっとりつつリーダーシップを発揮して乗り切っていかなければならないのだと思うのです。

例えば、金沢21世紀美術館の開館にしても、決して簡単に市民の合意が取れてできたわけではない。それぞれの立場があるので、調整は難航する。非常に多くの調整する仕事が発生する中で、いかにリーダーシップを取ってこられたのかというのが質問です。何がポイントになりますか。

山出■ポイントはリーダーシップというか、その中身は「筋を通す」ということにこだわりました。なんとなくいわれたからやるとか、まああというようなことでなしに、ちゃんとした論理をつくって、これで正しいと思えば進めていくということではないでしょうか。

美術館もそれは市民の反対があるので、いろんな人たちと話をしたり、話をする中で理解を求めていくという過程は大事にしなければいけないとは思いました。既成の流派の強い中で、例えば地元にゆかりのある優れた作品も取り入れますよと、そういうことを付け加えたわけです。しかし、そういう中にあっても、やはり新しい美術館をつくりたいんだというその論理というか、筋というか、そういうものをきちっと立てて、ぶれないと。そういうことだろうと思っておるんですけどね。

●地方分権の本質は

佐無田■『金沢の気骨』では、国とけんかする話が出てきますが、本気でけんかしてしまうと、やはり国が相手ですから地方は負けてしまいます。山出さんは現行の制度の中で実現できる範囲で、けんかの仕方を工夫されていて、心に反骨を持ちながら、実現性のある柔軟さを兼ね備えていると感じました。

そこで質問ですが、地方分権論者は、一方で規制緩和論者に近いところがあります。ところが規制緩和論者の中には、新自由主義の立場で規制緩和を求めながら集権主義のような主張をする場合もあります。

例えば大阪の橋下徹市長は地方分権をいっているように見えて、権力をひとりに集中しろという論理ですね。サッチャー氏も典型的でしたが、経済を規制緩和すると同時に集権を進めるという論理があります。分権論者の考える規制緩和と、規制緩和論者が主張する規制緩和とはどう違うのでしょうか。山出さんの場合はどうだったのかをお尋ねしたいと思います。

山出■おっしゃることはよく分かります。僕が二重人格みたいなことをいわれて。僕は地方分権については国の関与を小さくして、国の縛りをなくそうよといいました。国庫補助金で地方を縛ることをやめてほしいといいました。ところが、その一方で僕は大規模店の進出対策で商業環境形成指針をつくりました。市街化区域で集客施設の床面積が1000平方メートルを超えたら市と協議をしてくださいと。これは、一方で国の縛りを外してくれといいながら、一方では縛っとるわけやね。矛盾しておると思う。こっちで緩くして、あっちで構わせてくれというとるんやから。

ただ、僕の考えでは、縛ることも地方に任せる。それが地方分権なのです。規制を緩くするのか、強くするのか。そういう判断は地方に任せてほしい。そういう意味で、どちらも地方分権だといいたいなと思っています。

佐無田■そうすると、例えばルールのつくり方でいうと、地方でルールをつくるときのプロセスが国から非常に制約されている問題もありますが、もう一方では個人の自由がすごく強い問題があるので、個人の自由をコントロールしようと思うと、もっと強い権限が必要だという人もいると思うのですが、それは違うと考えますか。

山出■僕は、それは違うと思う。最終的には、市長は謙虚でなければならず、市民の資質が高くあってほしいということになる。そうしないと、まちづくりはうまくいかない。

●型を破る

小津■「守破離《しゅはり》」という言葉があります。守るべきものがあって、それを修練して習得をして、そこを破って超えていく。さらに、お師匠さんから離れて新しい型をつくっていくというような意味です。

「型があるから型破り、型がなければ形無し」という言葉があります。これは中村勘三郎さんが大好きだったそうですが、「守破離」と一緒ですね。型の中で、その型を自ら破っていく。これはまちづくりでも一緒かなと思っています。

武道、茶道など「道」が付く世界ではその「守る」ことが固定化しがちな側面があると思います。型という鋳型にはまって出られなくなると膠着《こうちゃく》してしまう。「伝統」か「伝承」かという話もありましたが、型から出られなくなると、新しい伝統をつくっていくような現在進行形のまちにはならない。過去形のまちになってしまう恐れがある。

僕が金沢に戻り、山出さんの本を読み、お話をうかがってきて、金沢はその型を破っていけるのではと考えています。金沢21世紀美術館ができたときに感じた可能性が確信になってきました。そういった意味で「守破離」とか「型破り」を仕事を通して実践していきたいというふうに思っています。

山出■小津さんのお話の中で、破ることは大事だと僕も思うけど、破り方が難しい。これが分かったら、苦労はないね。破らないと前に出られない。そうかといって元も子もない破り方をしてもいけない。ここが難しい。

小津■守っていく中で非常に難しいことがあります。例えば重伝建地区で伝統的なまちを守っていく、あるいはお茶屋文化を守っていくということは非常に難しい問題だと思います。とりわけお金を循環させていく経済の仕組みというのは最も強いものです。しかし、助成金や補助金を前提とした固定化した経済圏ができてしまうことには問題があると思います。それを開いて動かして持続していく仕組みが大事だと思うのです。

最初の一回転目を起動するために、適所に補助金を投入するのは有効だと思いますが、ひとつ間違えると文化政策が、文化を福祉する政策になってしまう恐れがあります。金沢には古いものはもちろん、新しいものもあって、自ら更新していく力も経済力もあると思うのですけれど、それが閉じて守りに入ってしまうと危険だなと。

それをまさに、どうやって開いていくのか。例えば、仕事で町家再生の依頼をうけたときに、両極の事例としていうならば、修復して保存するのか、新たな何かを加えるのかという選択があります。それを助成金などの支援を前提にしながらやるのか、あるいは、街場の経済が回っていくような持続性を考えていくのかということは、いま一度考える必要があるように思います。まだ、その両極の中で、大きな振れ幅があるんです。

山出■補助金を出すということは、きっかけをつくることです。惰性で補助金を出し続けるのは、本来は邪道だなと思います。

しかし、対象が強くなければ、そこは応援してやらないといけない。例えばいまの時代に、お茶屋が一本立ちできるかといったら、そんな簡単なものではない。

●市民に期待すること

宮下■『金沢の気骨』に書かれていた「樹木を植えて掃除するのは住んでいる人たち、処理するのは市だ」ということがすごく印象に残っています。そこの小さな組織の母体となるエリアがどれだけ共有意識を持って、何が価値なのかということにちゃんと気づき共有することが大切だと思うんです。そのようなことがハードも生きるし、ソフトも生まれてくるベースとなるのかな、と思って読んでいました。

山出■そのとおりです。そのことが大事だなと思っているわけです。木を植えたいけど、それでは、後始末を誰がするのか。当然、市役所がしなければなりませんが、それだけでもいけない。企業と市民に少しは応援してもらう。そういう意識と仕組みがないと、僕はいいまちにならないということをつくづく思っているのです。金沢経済同友会は「企業市民」といっていますが、僕もそういうことを思っていて、企業も市民という意識に立たないといけないということです。

仁志出■金沢は学都と呼ばれています。街なかに学生と市民とが交流する拠点（金沢学生のまち市民交流館）がありますが、そこをどういう場にしたかったのですか。また学生に期待していることは何でしょうか。

山出■僕は、学生にはまず勉強をしてほしい。それを踏まえた上で、金沢に住んだ以上は、金沢を知ってほしいし、金沢の人と仲良くつきあって、金沢のよい思い出を持っていってほしい。そしてまたきてほしいといいたいのです。

いまの学生はアパートに住んでいますが、昔は下宿をしていました。一般の家庭にやっかいになったわけです。下宿屋のおかみさんがつくったご飯を食べて、場合によっては洗濯もしてもらう。洗濯してもらったから、雪が降ったら屋根にあがって雪下ろしをしようと、家族のような関係があったのです。卒業して出張で金沢にきたら、下宿屋のおかみさんの顔を見るかなと。いまはこういう関係は全くありませんね。さみしいなと思います。

みなさんが交流館にきて話をして、そして除雪の手伝いをしようかなというアイディアが出てくれれば大変ありがたい。

内田■社会学者の鶴見和子先生が「創造性というのは異質なものとのぶつかり合いから生まれる」とおっしゃっていた。例えば、あるカリスマ市長が自分の価値観だけに基づいて何かをつくろうとしたら、そこに創造性があるかというと、鶴見先生の定義によれば、そうはならないかなと思います。

山出■異質なものを認めることのできる術《すべ》と、幅とか、ゆとりとか、そんなものがないとだめだと思います。傲慢、高慢は嫌い。幅広くいろんな人の意見を聴いて、自分自身が悩まないといけない。変わったことをしたいと、奇をてらってもいけません。新しいことをするときは、その中身が大事やわね。

●まちづくりの哲学を高める場

浦■山出さんの仕事を見て、やっぱりコンセプチュアルなものがしっかりしているかどうかはすごく大事だと思いました。近江町市場の再開発にしても最終的には現実に落とさなくちゃいけませんが、まずは理想の市場の在り方をいかに共有できるか。そして、様々な政治手法を用いて、ぼんやりとした理想を形にしていく。一般的な市長なら途中であきらめてしまうような現実に直面しても、政治手法を活用して乗り越え、現実化していく。コンセプチュアルな部分がぶれないところが大変素晴らしいと感じています。

神崎■この「金沢の気骨を読む会」に参加しながら、以前に西田幾多郎記念哲学館[*74]で見た『哲学への権利』という映画のことを思い出していました。この映画はフランスの哲学者ジャック・デリダ[*75]らが市民と共に哲学をどう実践していったかを関係者の証言で綴ったドキュメンタリー映画です。その中で印象的だったのは、フランスの市民が出勤前であったり、犬の散歩の途中に哲学カフェに集まって、珈琲をのみながら哲学について語り合う様子でした。それをみて、フランスやパリの文化の成熟度の高さは、自分とは？　本質とは？　ということを考え続けている市民の文化的な生活の実践にあるんだなと感じたことを記憶しています。

この会では、山出さんの経験や知識、感性など、市長としての仕事観や哲学を私たちが学ばせていただきました。さらに、学んだ内容を深めて、多様性やより

*74　石川県かほく市生まれの哲学者西田幾多郎（1870-1945年）を記念して、2002年にかほく市の砂丘地高台にオープンした日本で唯一の哲学の博物館。建物は建築家安藤忠雄氏の設計による。

*75　Jacques Derrida（1930-2004年）。「脱構築」概念などで知られるポスト構造主義の代表的哲学者。哲学のみならず、文学、建築、演劇など多方面に影響を与えた。

良い生活について意見を出し合って、会話を続けてきました。ここで議論した内容には答えがあるものではないのかもしれませんが、哲学カフェのような、文化や社会について自由に議論ができ、考える場が金沢にあることにワクワクしました。

山出■僕はこの会に出席して感じるのは、どうあるべきか、何をしようかという本質を追い求める議論が、しっかりと出てきたことです。難しい議論は分からないけれど、そういう議論ができる人の数を増やすことが、いいまちをつくる契機になると、僕はそう信じます。

IV

総括討論

21 鼎談「金沢らしさ」と次世代へのメッセージ

(この鼎談は2014年12月14日に、金沢工業大学・水野一郎教授を迎えて、公開形式で金沢学生のまち市民交流館で行われました。いわば、これまでの議論を再確認するための会です。)

内田 今日のテーマは「金沢らしさ」ということです。最近、どこでも地域「らしさ」を考えるような機会が増えてきました。私たちは3つのキーワードで議論をしてきました。ひとつは「ほんもの」とは何か。「ほんもの」こそが金沢らしさをつくるのではないか。もうひとつは「コミュニティ」。特殊さ・普遍性も含めて、金沢のコミュニティとは何かという問いです。これは物理的なものではありませんが、都市づくりに影響してくる基礎となる部分です。そして3つ目が「新しさ」とそれに対する「調和」ということです。ずっと凍結保全していくようなまちがいいというわけではなく、新しい革新とそれに対しての調和とはどういうものなのか、という点が「金沢らしさ」を守る上での核心として議論されてきました。

●「金沢らしさ」の4要素

山出■実は、「金沢らしさ」とは何かという議論は、このまちで今日までなされたことはなかったと思います。私は4つを挙げました。

まず1つは、このまちの規模がヒューマンスケールだということ。ヒューマンなスケールからの「親しさ」。2つ目に緑と水が豊かなので、「癒やし」。3つ目は、金沢のまちはサムライがつくった格式社会。格式を重んじ、いいかげんな仕事が許されない「こだわり」。4つ目に、雪国で仏教が盛んな土地柄ですから、人への「思いやり」。

これは人によって、感じ方なり、受け止め方が違うと思っております。ただ大事なことは本質を外れないこと。そうすると、「ほんもの」とは何かという議論をしないとだめだなと。4つ挙げたのはたまたま僕個人の考えであって、人によって違うはずだ。そういうことを踏まえた上で、物事の本質に入り込んでいく議論がこれから金沢にとって大事なのではなかろうかな。こんなことを思いました。

●金沢の贅沢《ぜいたく》な日常と経済界のパワー

水野■私は、東京生まれの東京育ちで、本籍は日本橋、日本橋の魚屋です。45年くらい前に金沢に通うようになるのですけれど、そのときに県の美術館に、日本伝統工芸展とか日展とかがあって見にいきました。そうすると、金沢では老夫婦が一緒に歩いて今年の柿右衛門《かきえもん》*76さんは元気がないねとか、浅蔵《あさくら》五十吉《いそきち》*77さんはどうやとかね、一つひとつ作品を見ていうわけです。すごいなあと思って。

それから、ある家にお呼ばれしたんですけど。夏の日でした。打ち水がしてあって、灯籠《とうろう》に火が入っていて、非常にいい空間があって。そこに、九谷とかの器にのって、料理が出てきて。お嬢さんが琴を弾いてくれたりして。そのスペースと道具、食べ物、営み、会話、すべてが贅沢なんですね。こんなのがまだ残っているのか日本にと。私、江戸っ子なんですけれども、江戸なんてとっくの昔になく

*76　14代酒井田柿右衛門（1934−2013年）。有田焼を代表する陶芸家。

*77　2代浅蔵五十吉（1913−1998年）。石川県能美市生まれの九谷焼作家・陶芸家。文化勲章受章。

*78　近代日本の建築家（1854－1919年）。国の重要文化財になっている日本銀行本店や東京駅などを設計した。

なってて。金沢はすごいなあと思いました。

それで、37年ぐらい前に金沢へくるときに、工芸をテーマにしてみようかと、東京の友達に「地方の自律と連担《れんたん》―伝統工芸振興のもうひとつの意味」というレポートを宣言文として渡して、もう東京に戻れない形で来たんです。

こっちに来てみたら、私の先輩が真黄色の旅館をつくって、それに対して金沢の経済人が、おかしいんじゃないかと運動をおこすんですね。その運動に私も賛成しました。また、経済団体が用水保存運動をやっているんですね。金沢市の伝統環境保存条例が、日本で最初に施行されるんですが、それのバックアップをしたり。それから、南町のところに、辰野金吾《たつのきんご》*78という人が設計した日本生命金沢支社のレンガ建築があって、その保存運動を展開したら経済人が最初についてくるんですね。江川市長さんのところへいってこれは保存すべきだとか、我々よりも前に経済人がいって主張するんですね。すごいなあと思って。

黄色の旅館の反対運動は、民間人が最初におこした都市美文化賞に実りました。それから用水の保存運動も成功しましたし、建築の保存運動も。そのころ、大学の先生とかも誘うんですけど、誰も賛成してくれませんでした。むしろ経済人が先頭に立って保存運動を展開してくれました。

金沢では庶民が展覧会を楽しんだり、経済人がまちづくりや文化活動に参加したりする。これが「金沢らしさ」かなと私はいつも思っていました。それで、私も三十何年ここに居着くことになりました。

●金沢の「ほんもの」

内田■おうかがいしていると、価値観を共有する、議論・活動するための公共圏が形成されているのが「金沢らしさ」なのかと思いました。

最初に申し上げたように、「金沢らしさ」を構築するキーワードとして「ほんもの」「コミュニティ」「調和」があります。「ほんもの」とは何かという議論の際に、オーセンティシティという言葉がいまの都市づくりでのキーワードとなっています。オーセンティシティとは、「ほんものさ」とか「真正性」と一般的には訳せますが、歴史保全の文脈でよく使われています。

「新しさ」と「調和」という話をしたときに、たぶん歴史的なものはみなさん「ほんもの」ということに何の疑問も持たないと思うんですけれども、そこへ新しさを積み重ねていくとき、何が「ほんもの」なのか判断基準に迷うと思います。そのとき、どのようなものがオーセンティックかというと、まず「自然発生的」であること、そして「相互関係性」を持つこと、「多様性」を持つこと。このポイントが「ほんもの」をつくりあげていくのではないかということを、ニューヨーク市立大学のシャロン・ズーキン先生がお話しされていました。

その上で、「新しさ」と「調和」をする際の「ほんものさ」について、お二人からご意見いただければなと思います。

山出■「ほんものとは何か」。直にこう聞かれるとなかなか難しいんですが、先ほど話がでました「金沢らしさとは何か」、同時に「伝統とは何か」、そして「新しさとは何か」、こういう議論を深めていく中に「ほんもの」ということが、なんとなく集約されていくのではなかろうかなと思っています。

伝統というのは旧来あるものです。伝統に新しいものを付加するということを僕たちは伝統というわけです。この建物（学生のまち市民交流館）にしたって、市民芸術村にしても、古いものをそのまま置くのでなしに、新しいものをそこに加えていく。それがこのまちだ。

この「伝統」という言葉については、僕の好きな詩人なんですけど、大岡信[*79]という先生がこういいました。「伝統とは創意の連なりである」。絶えず新しいことを意識しなければいけないというわけです。私は新しいものを付加しないのは、

*79　詩人、評論家（1931年－）静岡県出身。代表的作品である「折々のうた」は、詩、評論、美術批評、戯曲、翻訳、古典詩歌から現代詩までを網羅しており、幅広い分野での業績を持つ。

金沢海みらい図書館は2011年5月、金沢市寺中町に開館した市立図書館。直方体の壁面に6000個の円窓をびっしりと配した特徴的なデザインを使い、館内の快適な読書空間をつくり出している。

伝統ではなく伝承だろうと思っています。

そうすると、新しさとは何かと。僕が大変気になるのは、こんな言い方があります。「奇をてらう」ということです。珍しくさえあれば良い。珍奇であったり、奇抜であったりすれば良い、こういうことでいいのかという思いがありまして。そういうことを十分にこなして初めて新しいものを付加するということになるんじゃないかなと思います。言葉でいう「伝統」もそう簡単なことでないなあと。

為政者の傲慢、わがままはいけません。そこはやはり、市民の感性を研ぎ澄ましておかないといけないし、まちと住む人にインテリジェンスがないといけない。このまちには大学があるから、知恵のある人がいるから、よその街に比べるとはるかに幸せだと思っています。ここで大学とか、知恵のある人とかいうのは、正直、質のいい仕事をしたいからなのです。

あわせて僕は何でこんなことをいうのかといいますと、いま新幹線がくることになっています。街なかはそのことの話ばかりで、僕はたくさん人が来てくださるとは思うけれども、そのことによって自然環境や景観が破壊されないか、阻害されないか、伝統文化が衰退し、荒廃しないか心配します。だからこそ、金沢らしさとは何かなど、まちづくりの本質について考えるちょうどいい時期でなかろ

金沢市民芸術村。大和紡績（株）の工場跡を金沢市が購入し、レンガ造倉庫などを市民による芸術活動を支援する総合文化施設として再生して1996年に開村した。演劇、音楽、アートなどの工房があり、市民による自主的な運営が行われている。

うかと思います。

●新しいものをつくる

水野■先ほど経済人の活動の話をしましたけれども、そんな中に一人ひとりの感度のレベルが高い、パワー、価値観、美意識を感じることができました。いまの山出さんのお話は、まさに金沢の気骨そのものが出ている。そういう中で仕事するときに、それにいかに応えられるか。そのことは金沢だけを見ていてもだめだし、日本だけで見ていてもだめだし、世界を見ながらやっていく必要があると思います。

金沢には江戸の美意識、江戸の価値観だけでなく、明治のもある、大正もある、昭和戦前もある、そして最先端の平成もある。例えば金沢21世紀美術館で建築の展覧会をやると、それに伴って金沢にたくさん建築関係の人が訪れてきます。そして何を見るかといったら、金沢21世紀美術館、それから鈴木大拙館、海みらい図書館、あと、金沢駅と金沢市民芸術村。この5つはここ15年でできたものです。全部、山出さんのお仕事です。

私の友達なんかもずいぶん遠くから見にきて、「金沢はいいねえ、古いものもちゃんと残してるし、新しいものもつくっている。そのエネルギーはどうなってるの」って。やはり、新しいものに対して抵抗なくつくらせてくれる。このことが金沢らしさです。

先ほどの経済人も含めてこういうコミュニティがあちこちにあるというのは、私は非常におもしろいと思っています。それだけみんなが議論をする必要があるし、自分達はどうしたらいいのか迷っている。そういう状況もあるんだろうと思います。

「オーセンティシティ」の項目にあてはまるかどうか考えている暇はほとんどなくて、実際に何をしたらいいんだ、何をつくったらいいんだ、何を楽しんだらいいんだ、ということに夢中になって、結果として、あとで検証をしてみると。そんな形じゃないかと思っています。

●コミュニティの役割

山出■さきほど内田先生は、オーセンティシティの要素として、相互関係、相互依存ということをおっしゃったわけです。その点で僕はオーセンティシティとコミュニティとのかかわりについて考えてみたいと思っています。

*80　東京大学名誉教授。専門は家族社会学、ジェンダー論。代表著作『近代家族の成立と終焉』、『ナショナリズムとジェンダー』など。金沢二水高校出身。

例えば上野千鶴子[*80]さんという社会学の先生は、血縁とか地縁というものはもう機能しなくなったという論者ですよね。

先年、東日本に大きな震災がありました。僕はテレビを見ましたらね、避難をしているある女性が、「早く元の場所に戻りたい」というわけですね。その理由は、「元のところにお祭りがあるから」と。私はそれを聞いて実は感動しまして。上野千鶴子さんは、血縁、地縁による共同社会は頼れないというけれど、テレビでしゃべった女性はいや違うよと、その一言を大変重く感じたのです。

ともあれコミュニティを議論にのせないといけない。コミュニティはオーセンティシティの重要な要素である相互関係性そのものですから。

●多様なコミュニティ

水野■山出さんの仕事の中で、ひとつ忘れちゃいけないのが職人大学校です。我々のまちは伝統を残そう残そうというんですけど、それを守る力をいま日本は失ってきているんです。そのときにどうやってこの金沢というまちがいろんな世代の層を残していくか。層を残すための仕組み、仕掛けみたいなものを、しっかりとフォローすることが必要です。プロジェクトを前進させながら、そのプロジェクトのために人も育てていく、このフォローの仕方が金沢21世紀美術館にも、金沢市民芸術村にも、いろんなところに見られる。こういう心遣いの部分がひとつの気骨であり、文化じゃないかなと思います。

山出▒そうおっしゃっていただけて大変ありがたいです。永六輔さんが岩波新書で『職人』という本を出してね。その中にある言葉なのですが、「金沢の職人大学校というのは、文化の危機管理である」というふうに書いてあってね。いやあ永さんいいことといってくれるなあと感心したのです。

内田▒少し整理しますと、コミュニティが重要であるという話があったのですけど、いまの話だと3つの「コミュニティ」がありまして、1つが、職人大学校のような、社会循環を支える機関としてのコミュニティです。そして2つ目が、公共圏、議論の場としてのコミュニティです。そして最後、山出さんもおっしゃっていた地域を支えるコミュニティです。この3つのコミュニティが、結局のところ「金沢らしさ」、そして「ほんもの」を支える上で重要なものではないかというお話であったかなと思います。

次世代へのメッセージ

内田　最後にお2人から次世代に向けてのメッセージをお願いいたします。

水野　金沢はいろんな時代の価値観が味わえる、また体験できる。これを基に自分達の時代の価値観をつくってほしい、美意識をつくってほしい。そのときにいろいろな対話ができるクリエイティブコミュニティというのが大事で、いろんな世代のいろんなジャンルに興味のある人がいるということを進めていきたいと思っています。

金沢の都市には、文化の厚みみたいなものがある。焼物とかでも、素焼きよりも加飾のある文化。演劇にしても少しコクのあるもの。いろんな遊びとか文化とか、いろんな価値観を組み合わせていくことを、ぜひ次の世代が先導してほしいなと。現代建築は山出さんのおかげでたくさんできました。それで次をどうするかというのを若者達に担ってほしいと思っています。

山出　いままでのまちづくりというと、土木とか都市計画とか建築の面からの、いわば工学的なまちづくり論がずっと行われてきましたが、これに加えて、生活とか、文化とか、社会とか、こういう視点からのまちづくりも考えないといけないと。僕はこんなことを絶えず思っているのです。もう人口減少時代ですので、僕には、工学的なまちづくりだけでは具合が悪いという思いがあります。

コンパクトシティという言い方がありますが、これは主に法律、制度とか都市工学とかによる視点の議論ですよね。そこに僕は、文化とか、社会とか、生活の議論というのを加えたいと思っています。そういう意味で、僕はもともと高密都市を想定したコンパクトシティという言葉は好きでないんです。「街なかを凝縮させる」という平易な日本語を使ったらいいのになあと思っています。

お年寄りが増えると公共交通ですよね。マイカーから公共交通への転換。こういうことは大事なテーマになりますし、これから日本が世界に視座を向けて進んでいこうということになりますと、文化とか景観とか、この議論を深めないといけないと思うし、そういうまちをつくっていくときには、やはり地域連帯、相互依存、コミュニティというものをもう一度強めないといけない。だんだんコミュニティが廃れていくわけですが、これの再生がこれからの大きいテーマなんだろうと考えています。

いま、国は地方創生といっています。しかし僕は地方に権限と財源を与えて、地方の自由な発意でまちをつくるという方向でなければならないと思っています。

そこに住む人達には、自分達がやるという自負、気概がないといけない。

そういうなかで、金沢のあるべき方向として、文化特区の設定ぐらいは考えてもいいんではなかろうか。文化でまちづくりというのが金沢の方向であって間違いはなかろうと思っておるんです。お互いに努力をしてまいりましょう。

22　座談会　山出さんが伝えようとしたこと
これから私たちが継承していくこと

●山出さんから投げかけられた課題

佐無田■今回の座談会のテーマは、山出さんが伝えようとしたこと、これから私たちが継承していくことです。実際に政策を遂行してきた本人だからこそつかみ取っている肝の部分をいかに抽出できるか。言葉になりにくい部分を言葉に置き直す作業をしたいというのが座談会の趣旨です。それを通じて、これからの金沢のまちづくりにとって何が大事なのかを議論したいと思います。

浦■山出さんは大工さんの息子さんであったことが影響されているのか、形にすることにこだわられている。自分の頭にある絵を信じて形にしていく力はすごい。高い理想を感じます。様々な困難を一つひとつ丁寧に排除し、最終的に形に落としこむ。それをいろいろな手法を使い、分からないところは学者さんの知恵を取り入れながらやってこられた。

例えば、暗渠になっていた鞍月用水を開渠にしたことです。ご自身が子どもの頃の記憶として、用水に階段があって、近所の人たちが階段を下りて洗い物をしながら世間話をする光景があったそうです。用水はコミュニティの場だったのですね。開渠にしたのは美しい景観を求めただけではなく、もう一度、人の息吹を取り戻したかったからとおっしゃっていました。

住民を一人ずつ説得して大変なご苦労もあったようですが、結果的にせせらぎ通りには有名なお店もいろいろ出てきて、彼らの仕掛けるせせらぎ祭りも良いイベントと聞きます。同じコンセプトを持って、あそこに移り住んできた人なので、みんな波長が合って新しいコミュニティができているという話をしたら、山出さんはすごく喜んでいました。

中村■「金沢の気骨を読む会」に参加してから、自分の中で180度変わってしまったものがあり、戸惑っています。それは、この会に出るまで、僕は直接地域と関わることがなかった。どちらかというと、町並みが壊されたことや、まちが失ったものなどの負の面ばかりを行政のせいにしていました。だけど、過去20年間の施策のうち、共感する多くのことに山出さんという金沢人が関わっていて、日常に政策が関係するのだということをすごく実感します。すごく誇らしいし、素晴らしいと思うのですが、だからこそ逆に、これからまちをつくっていく20〜30代の目に金沢はどんなふうに見えているのか、1度すり合わせておかないと、これから話し合う金沢の像というのは具体性を持たないような気がしている。

宮川　金沢はいいまちだと多くの人がなんとなく思っている。でも、なぜいいまちなのか、具体的に何が金沢らしいのか。僕はそれを言葉にすることがなかなかできなかった。それを考えるときのヒントをもらったことが、この会に参加して得たことです。山出さんの描いていたものの大きさが分かったし、金沢のポテンシャルの高さもあらためて感じました。

問題は、いまはいいけど、これからどうするか。もっと議論を重ねないといけない。特定の人だけではなく、どうすれば一人でも多くの市民とベクトルを合わせられるか。ここで学んだことを、どれだけ多くの人とシェアできるか。そういう宿題をもらった感じがしています。

中村　伝統をいまの時代の創造にどう継ぐかということが僕の最も大きなテーマです。だから、もう一度このまちを評価し直さなくてはいけない。そうすれば次のステップに踏み出せると思っています。

●金沢らしさを言葉化する

内田■山出さんの話の中で最も記憶に残ったのが「文化的景観を読み解いて論文にしなさい」ということです。私は外からきて5年になりますが、金沢の素晴らしさを客観的に評価して表現するのは非常に難しいと思います。金沢のまちも都市計画をしてきましたが、道路をどれくらい広げたとか、不燃化率をどれだけ上げたとか、数値的な改善は評価しやすい。でも金沢の「何となくいいね」というところは数値化できない。

今日、街なかの辰巳用水に沿って歩いてみました。文化的景観の構成要素というから、どういうものかをあらためて見てきたのです。とてもいいのですが、なぜこれをいいと感じるのか、それがうまく表現できない。たぶん「アメニティ」という価値観に関わるのかもしれませんが、アメニティも数値化できないものです。ふんわりした状況をどう表現してみせるか。山出さんから文化的景観の話を投げかけられて思いました。

用水沿いを歩いていて、さやさやと音が鳴るのも、金沢らしさだったりするんですよ。用水から水をくんで家庭菜園にまいている人だったり、その人と私が会話したり、用水が庭と繋《つな》がって水と緑の景観を創り出していたり、ミクロなところで美しい景観を創り出している。

そのよさはじゃあ何なんだといわれても、私には答えはありません。そこを読み解けたら、山出さんがいうように博士だと思う。表現したいためだけに単純化しすぎるのは良くないなという思いもあるんですけど。

佐無田　アメニティって難しいですよね。なぜ電線のある景色が汚く感じるのか。なぜヨーロッパにいくと街のあちこちで「この景色いいなあ」と感じるのか。

金沢の用水はとてもいい景観です。そこに住んでいる人の家があって、そこから木があふれ出ていて、それが水面に影を落としている。こういう空間がいいと思っても、論理的に表現するのは難しい。とても感性的なもので、理論や科学では説明できないわけです。

みんなが感覚的にいいと思っている金沢の要素を、山出さんは「親しさ」「癒やし」「こだわり」「思いやり」と表現しました。僕はこれをユニバーサルだと感じました。金沢だけのものではなく、どの地域だろうと、どの国だろうと、評価したくなる普遍的な要素だと思います。

それらがまちの中に込められていて、形だけでなく住んでいる人たちに価値観として共有され、空間に反映されていると、地域に生まれ育った人でなくとも、純粋に感動を呼ぶと思うのです。それが4つもそろっていたら世界からリスペクトされるまちだと思います。

山出さんが伝えたかったことは「ほんもの」「新しさ」「コミュニティ」という議論に集約されていると思います。浦さんは金沢21世紀美術館が「まちを変えた」といわれましたが、あの美術館があるおかげで、まちの雰囲気も人の営みも変わったことは直感的にわかります。でも、それは一体なぜなのか。他の地域にも箱モノはいっぱいありますが、金沢21世紀美術館との違いは何なのか。これもアメニティと同じように、なかなか言葉にできないものです。そこを「ほんもの」「新しさ」「コミュニティ」というキーワードで解き明かそうとしたのが、今回の一連の議論だったのかなと思います。

●郊外開発の価値観

小津■『金沢の気骨』を読んで、政治家というより文化人が語っているような印象を受けました。僕が高校を卒業して外に出るときは、金沢は過去形のまちだから、現在進行形のまちにいくために金沢を捨てるんだと漠然と考えていました。

様々な経緯があって27年ぶりに仕事と生活の拠点を金沢へ戻すことになったのですが、金沢へ帰ることを選択した理由はこの本の中にありました。

金沢にSANAAの設計で金沢21世紀美術館ができることを知ったときに、金沢が大きく変わる千載一遇の機会となるのではないかと思い、そこから自分の金沢と東京の二重生活が始まるんですが、それを仕掛けていたのがこの人だったのか！と思いました。

一方で、これまでの議論の中で「金沢はほんものだよね」という言葉が頻繁に出ます。それが自己批判のない共通理解を前提とした場の空気として感じられることがあり、そこには違和感を感じています。ほんものという言葉に、みんなが首を縦に振っていることが、すごく怖い。何をもってほんものといっているのかは、あらためて考える必要があるという気がします。僕たちと違う価値観を持つ人達から見て、この会がどう感じられるのか、山出さんの仕事や本をどう評価するのか興味があります。

山出さんは市内中心部に関して、いまの僕たちが金沢を実感するまちの素地を整えてきたと思うし、本の中でも中心テーマになっている。一方で、この数十年、金沢は郊外に積極的に広がり、金沢らしい姿を留めずに拡散していっているわけです。県庁移転、ショッピングセンターの誘致、宅地開発で日本のどこにいるのか分からないようなまちづくりがなされています。

その結果、僕らのように中心部を意識して暮らす人間がいる一方で、金沢というまちに無関心な人たちも相当いると思います。政治にも文化にも歴史にも無関心な層というのは、どのまちにもいるのでしょうが、そこにどう対処していくべきか。対極化が進みつつある現状に対して、山出さんがどのようなお考えをお持ちかということは、うかがってみたいことです。

川崎■ベースはいまの時代の日本人なんですよ。携帯を持っているし、ショッピングセンターもデパートもあるし。どこにいってもそうですよね。国道沿いも同じですよね。ただ、金沢は加賀藩の時代から伝統的につくられてきたモノやコトがまだ継続している部分と共存している部分があるんです。なので、大きなショッピングセンターに、子どもたちが日曜日に家族に連れていってもらって楽しいと思うのは、現代の子どもたちの普通の意見であって、例えば金沢の材木町に住んでいたって同じでしょう。金沢は切り離された日本ではないわけですから。だけど、むしろそこに違和感を感じるとすれば、そのことは逆に金沢ではそうあってほしくないと意識されているものがあるためでしょう。

中村 ほんものといわれるモノがどうつくられたのか。加賀藩前田家の政策といってしまうと、それだけのことですが、例えば民家の軒の流れ、勾配《こうばい》を誰がいつどういう基準で決めたのか、その辺が分からないと。

山出さんは、１９７０年代は何となく壊してしまっていた、あそこが一番悔やまれるといっておられた。意識しないうちに何となく壊してしまったものが素晴らしかった。

社会の仕組みが変わっている中で、もう一度、自慢できるまちをつくろうとしたときに、どんな建築的、あるいは都市景観的な価値がまちの評価基準になるのか。ひょっとすると、次の世代の人たちは、いまの僕たちとは全然違う価値観で評価し始めるのかもしれない。

そのときに金沢に残ってきたものの中で使える要素やソフトがあるのなら、いまのうちにそれを引っ張り出して顕在化しておかないと、本当に手遅れになる。そこがこれからの政策になっていくんだろうという気がします。

●異質なものの取り入れ方

川崎 僕が金沢にきて思うのは、金沢の人は金沢が好きということです。小津さんは東京にいったかもしれないけど、本当は金沢が好きなんです。帰りたくないとか、金沢なんて恥ずかしいとかは全く思っていないですよ。金沢の人のＤＮＡを感じるんです。

それは何かというと、生活と文化が混沌とした中で暮らしていることの安寧感と信頼感があって、その安心をものすごく大切にしている気がします。それが金沢の人が大事にしたいものなんだなと、金沢人ではないから客観的に感じるんです。金沢に生まれて、生きてきた人にとって、金沢という看板は大きいんだなという気がするのですが、他のまちに生まれた人はそんなに重いものを持っていない。意識が全然違うと思うんです。それが金沢らしいと思うんです。

金沢は閉鎖的といわれることもありますが、排除の概念はあまりない。だから、こういう議論があり、こうした会ができる。

佐無田　外から見た金沢は明らかに伝統のまちなのですが、中に入って暮らしてみると、伝統にこだわっているというより質にこだわっているんだなと感じます。金沢の内発的発展の歴史では、けっこう外からきた人たちが担い手になっています。この会もそうですが、外からきた人たちと、もともと金沢にいた人たちが当たり前のように交わっている。だから金沢は本当に伝統的なまちなのか気になっていましたが、山出さんの話を聞くと、やはり伝統がかなり重視されているとあらためて感じました。

山出さんは、まず伝統をしっかり尊重するのですが、伝統を支えている人たちに全部を任せるわけでもない。あえてプラスアルファの部分を投げ込んでいく。投げ込んだときに徹底して調和を重視する。調和を大事にすることによって、プラスアルファの新規性や異質さが、突拍子ないものではなく、地域に合ったものになっていく。伝統をベースにして、そこにプラスアルファを投げ込んでいく大胆さが肝心なのかなと思います。

非常に大胆であると同時に極めて慎重でもある。伝統をベースにした上で、プラスアルファの部分がいまの時代に意味があることなのかどうかを慎重に判断する。それも多くの人に満遍なく意見を聞くのではなく、専門家の言葉を尊重しながら伝統に大胆な要素を入れていく。そのプロセスには調和を重視した慎重さがある。そのあたりが山出さんの伝えたかったことの骨子かなと、現時点では整理しておきます。

●まちが変わっていくこと

川崎■京都やパリと比較して相対化するのが僕の整理の仕方なのですが、パリでは、いつの時代でも思い切った革新をしてデザインや文化の先進になりながら、伝統も守っていくことを実験的にやっている。それを恐れていないですね。そして批判を受けて考えるというのが、パリのベースです。

京都の場合は、ＪＲが京都駅をつくったときは批判ばかりになった。むしろ、金沢の方が、金沢21世紀美術館や金沢駅をみても、やったことを享受しようとしている。そこが山出さんのいう「伝統は伝承でない」というところでしょう。いままでのことを十分に理解しながら、いろいろなものづくり、コトづくりをしようといわれた気がします。

中村さんと、かつて香林坊に映画館があったという話で盛り上がりました。街なかに映画館があったなんて風情がある。いまはそこに何もないんですよ。生活者としての日本人はその時代の生活の中の喜びや楽しみを享受していたわけですね。景観としては混沌としていたとしても、あの界隈には雰囲気があって、知っている人はものすごく懐かしそうに話してくれます。いまは変にきれいになって、どこにたむろしていいか分からないというのです。僕は否定でも肯定でもなくて、そういうもんだと思うんです。いまを楽しんでいる人は常にいて、我々は常に活動している。金沢をこのまま守り続けたら本当にいいまちになるのかどうか…。

小津さんがいわれていたように、二つの川の間にある旧市街地は壊れていると思います。ただ、残っているものもある。いいものはできるだけ再評価して、少し翻訳してでも、いま生活している人にとって楽しみになるような使い方を考える。山出さんはそれをやってこられたと思います。

内田■ほんものの条件に自然発生的という要素があります。だけど、いま川崎先生の話を聞いていて、いまのレベルで景観の価値を創り出す上では、自然発生だけに任せていてはたぶん難しいのかなという段階にあるのかもしれない。それと、盛り場を懐かしく感じるというのは、近代化していく中で息を抜く場所を必要としていたというのもあったと思うんですね。

中村■金沢21世紀美術館と鈴木大拙館ができたときに、僕たちは建物がまちにこれだけインパクトを与えるんだということを実感したわけです。だから、いまからつくり上げていくものに対して、ある意味、期待よりも危機感があります。香林坊に映画館や歓楽街ができたり、共同ビルができて一時的には賑わったけど、あのときにできた建物がまちの景観を意識してつくられたかというと、たぶんそうではなかった。それは建築家が意識していなかったからなのか、それとも社会がそういう視点で建築を見ていなかったからなのかというと、僕は後者だと思います。

景観を建築にかぶせて考えるようになったのは、いまという時代です。金沢21世紀美術館のように容れ物としてだけでなくて、背景のまちやソフトも建築の領域に入ってくる時代です。だから、これまでの金沢をきちんと言葉化して共有することからスタートしたい。

おっしゃるように、金沢は壊れて悪かったのかといったら、あるところまでは発展していったし、それでいまみんなが喜んでいるところを見ると、壊れてもよかったのかもしれません。それでも、金沢では価値観を共有していたことが大きい。川﨑さんがいわれるように、なんだかんだいっても流れの中にみんなが乗っているんですよ。それでもいまはターニングポイントにさしかかろうとしている。それは金沢だけではなくて、時代がそういうところにきている。そこを認識して新しい方向へ持っていく術をつくり上げていかなければならない。

内田 ターニングポイントといっても、急に歩みが変わるわけではないので、たぶん、いまも変化の途中にあると思います。近代化の過程でひと息つけた場所である盛り場を懐かしむことと並行して、近代化に疲れて古いものを大切にしようという流れも脈々と続いてきたわけですが、次に何がくるかといったら、もう一度近代化しようという話には絶対ならないはずですよ。

これから金沢がどこに向いていくのかといったら、60万人都市をもう1回目指すわけでもないし、観光客をやたらに増やしたいわけでもない。高層化して東京みたいに、世界の中で競争力を上げることを目指すのでもないはずです。

そしたら、小津さんは「ほんもの」という言葉が先走りしては嫌だといっていたけど、金沢はほんものの都市を目指していくことが必要になると思っています。ほんものの定義は難しいし、それを信じていいのかということは、おっしゃる通りです。それでも山出さんが「トリノは小さくてもキラリと光る都市だ」といわれたように、経済面で競争力を上げていくのではなくて、「ほんものである」ことをどのように見せていくか。そういう都市を目指していくしかないと思います。その手法が歴史保全の中でどのように新しいものを調和させていくかという話につながっていくと思います。

小津 ほんものについては、自ら問い直した方がいいという話をしました。あえて挑発的な言い方をすると、内輪で「そう、そう、そう」と安心し、満足していると、ちょっと危険だと思うところはあります。

●時代の読み方

浦■内田さんの意見とも近いんですが、そろそろみんな疲れてきていて、金沢みたいなサイズ感がいいと評価されるようになると思います。金沢21世紀美術館がもし高い建物であったら、ここまで評価されなかったと思う。

金沢がこれだけ注目されるのは戦争で焼けなかったことが大きい。まちの要素がヒューマンスケールで残っています。建築や土木がヒューマンスケールを一気に飛び越えたのは、産業革命以降で、日本でいうと明治維新以降だと思うんです。とにかく西洋式の大きなビルがいいというように、一気に建物に対するスケール感が変わった。

山出さんがやろうとしていたのは、その前の状況でしょう。日本の歴史の中で、明治維新からいままで150年はかなり特殊な時代です。いきなり、電車や車が動いて、それまで人の知恵が及ぶところの範囲でつくられていたものが、一気にそれを上回るスケールを持ってしまった。ところが、明治維新以前のスケール感はＤＮＡに留まり、戦災を免れた金沢のまちには、まさしくそのスケール感が残っていた。山出さんは知らず知らずのうちにそのスケール感で金沢の景観行政を考えていた。推測ですが、そんな気もします。

山出さんは、「調和」とよくおっしゃる。調和は自然につながっていくと思うのです。例えば、町名を復活しようとしたときに、１人でも反対したらしないというんですよね。なぜかというと、１人でも反対する中でやったら、どこかで無理が生じる。自然に反すると、理がなくなり無理になる。ある雑誌で、鈴木大拙館を解説したのですが、大きなボリュームからディテールまで考え抜かれていて、それらが全部合わさって美しく映えてみえる。それは、自然界にあるスケール感や法則を可視化したものです。調和とは、そういうことだと思うのです。

小津■明治以降の話はよく分かります。確かに価値観がひっくり返ったし、文化が断絶されました。江戸時代までの日本文化は正統で、それ以降は亜流という感じになっている。だけど、明治以降にも、いい近代建築はあります。リノベーションを依頼されたときに、こんなの使えないよと思う建物と、これは残す価値があるという建物があります。古さは関係ないんですよ。

一番難しいのは、建築家の作品主義的な建物、それを模倣した表現主義的なバブル期の建物です。ごく普通に実直に経済効率を求めて建てた建築の方が少し手を加えることで、使い勝手が良くなったり、すごくいい空間になったりします。

古い建物でも建築として全然、面白くないものもあるんです。リノベーションを前提に設計しろとはいいませんが、後の世代の人が時代に合わなくなった建物を再生するときに、空間や構造、素材の良さを見直そうと思えるような建築なり、まちづくりが大切ではないかという気がしています。

●言葉化することの意味

佐無田■さきほどから小津さんが問題提起されていたのは、ほんものといっても、ほんものと思わない人たちもいるということですよね。たまたま個人が判断したことが積み重なった結果、ある人たちからすると守るべきものが何となく壊れていく。現代の個人主義的な市場経済というのはそういうものですよね。
でもそこに山出さんは、ほんものとは何なのかを議論する必要があるんじゃないかと投げかけたわけで、その意味をもう少し明確にしたい。中村さんと以前から議論していて、なるほどなと思ったのは、言葉をつくる作業が非常に大事だということです。創造性は言葉によってドライブされるとおっしゃっていました。

現場の感覚的な問題解決力もさることながら、言葉が行動をつくる面も確かにあります。

たぶん、金沢には景観を守ってきた感性があった。みんながその価値観を共有しているわけではないが、少なくともまちの中心部で一定の人たちは価値観を共有していたと思います。ほんものとは何かとかいわなくても、価値観を共有していた人たちには共有されていた。かつては、そういうものがあったので、いわなくても何とかなってきたのですが、いまは放っておいたら壊れていく時代だと思います。しかも、これからの時代、ぽっと出の政治家が突然何をやりだすか分からないし、「なんでそんなもの」というようなものができるかもしれない。そんな時代だからこそ、いままではっきりしなかった価値観を言葉で体現する作業が必要になってきているんじゃないか。

浦さんのいわれるように、かつては人間的スケールが当たり前だったのが、明治維新以降の近代化の中で建物は高くて、スピードは速い方がいいという価値にシフトした。いまは再びヒューマンスケールに価値を見い出していく時代に戻ってきたのかもしれません。それはかつての日本人が持っていた良さを取り戻すということと同時に、世界的な潮流でもあります。サステイナブルシティやコンパクトシティといっているのもそうですし、ヒューマンスケールという言葉自体も海外の言葉です。

山出さんは、金沢らしさをヒューマンスケールで考えたいといわれてますが、それを「親しみ」と翻訳されている。僕も用水を見ていいなと思うのですが、何でいいと思うのかという価値観を多くの人と共有していくためには、やはり言葉にしないといけません。山出さんは、ヒューマンスケールは「親しみ」、緑と水は「癒やし」と言い直している。言葉で概念化するときに難しい専門用語ではなくて、あえて、みんなに分かるような言葉に置き換えて工夫されたのかなと思います。

川崎■あのとき山出さんに、「粋《いき》」という言葉を入れてほしかったと発言しました。僕は金沢にきて粋を楽しむ人がすごく多いという気がするんです。それは何も伝統的なものばかりではなくて、例えばワインの会を金沢城でやるとか、遊び心があるんです。粋をつくり、趣を楽しむ心持ちの人が多いと思います。つくる方も見る方も楽しんでいると感じるので、金沢は非常に民度が高い。

プロの活動に一般の方が触れるときの距離がものすごく近くて、京都のように敷居が高いわけではない。遊び心の器みたいな感じで、それがちょうどいいスケールの中にある。それを景観の言葉でいうのか、文化の言葉でいうのか、当てはめる尺度がちょっとないですね。そういう方々が金沢の人という気がするんですね。

●伝統とコミュニティの価値

浦■景観の話に戻りますが、金沢の瑞樹《みずき》団地[*81]は地区計画といって勾配屋根を推奨したり、色も規制がかかっていて、和風景観の創造を推奨しています。ところが、きっちりと区画割りした中に連続して瓦の乗った民家調の建物が並ぶと、古建築を大学でかじった人間としては少し違和感を覚えてしまう。

町家ならともかく、このような民家は里山ではランダムに配置されたり、武家のものはもう少し大きい区割の中にあったりするかなあと。景観誘導の方向性は正しいと思うのですが、区画整理事業であり、また地区計画自体もドイツの都市計画規制をモデルとしているゆえんもある中で、景観規制の限界を感じることもあります。

非常に微妙な問題だけれど、だからこそ景観問題はものすごく奥が深いと思うのです。そろそろ日本流の地区計画のあり方も金沢から議論すれば良いかもしれませんね。山出さんは様々な景観を創出してこられましたが、せせらぎ通りは景

＊81　金沢市の北部、日本海に近い田園地区にある住宅団地。1995年に分譲開始。無電柱・無電線や伝統的な「黒瓦」の統一感など、景観保全に取り組んでおり、美しい街並都市景観大賞最高賞「美しいまちなみ大賞」を受賞している。

観論にコミュニティ論も加わっているんですね。

内田■景観でいえば、例えば、新「町家」みたいなものを考えようという話がいつも出てきますが、何をやっても違和感を感じます。

佐無田■ベースとなる伝統は放っておいても出てこないですよね。近代的なものからヒューマンスケールなものにシフトしようと思ったときに、伝統が大事だと思い返しても、守っていなければ出てこない。

内田■伝統をわざとらしくつくっても小さなものにしかなりません。

小津■それはテーマパークにしかなりませんね。

内田■いまもっと難しいのは、開発圧力に抗うことではなくて、空洞化に抗わなければならない段階にきていることです。また全然違う手法が必要になってくるんですよね。

中村■そこにコミュニティの問題がのっかってくるわけですね。そのときに心配なのは、コミュニティ云々といったときに、金沢に住んでいる自分たちがいいと思っていた景観なり、ものが価値基準の中に保たれるのかということです。ここは激しく主張していかないと、私の印象ではコミュニケーションやまちづくりで多くの意見を集約していったときに、抜け落ちるものの方が結構大きい。

まだ金沢は、誰かが明快にそこを主張すれば、ある程度寄ってきてくれる。屋外広告物審議会は看板やバスのデザインを根気よく指導してきた。そのために想像を絶する努力をされている。そのあたりの取り組みをもっと明快に、大きなエンジンを乗っけて走らせてやらないといけないいんじゃないのかな。

●次世代のまちづくり制度論

小津■こういうまちづくりは結果論でいえば、長期政権だからできたことです。短期だったら絶対できていない。

浦■政治的なバランス感覚が良かったんだと思いますよ。決して対立がなかったわけではなくて、助役から市長に当選したころは、最も政治的対立が激しかったときでしょう。知事選でも金沢が真っ二つに割れたこともある。むしろ、難しい時期を、山出さんは乗り越えてきたような気がします。

佐無田■でも山出個人論で解こうと思ったら、次の答えは絶対出ない。僕は個人論ではなく、山出さんがやられてきたことを、次の時代の担い手が組織や制度のような形でどう引き継いでいくのかということだと思っています。

まず金沢には、伝統を支持している人たちがいます。伝統を大事にして、ほんものは何かという価値観の一部を共有する人たちです。閉鎖的といわれる金沢の要素も持っていて、場合によっては新しいことをする際に抵抗勢力にもなる人たちです。山出さんだけでなく金沢のコアな人たちがしっかりいるからこそ、ほんものさというのは共有の価値観として守られてきた。

同時に、ほんものの価値観にはユニバーサルな要素が含まれていて、外からくる学者や専門家を取り込んで意見を聞いて、それを金沢で実現してきた。外の人を巻き込むという部分ではオープンです。

山出さんはコアなグループをきっちり味方につけつつ、他方では、近代的、現代的なものがいいと思う人たちもうまいこと巻き込んで落としどころをつくってきたと思うのです。

例えば文化都市といわずに、世界都市構想といったのはうまいなと思います。世界都市には文化都市的な要素を含みつつ、北陸の中心都市というアピールもあって、両方の勢力とも、まあいいかと思う落としどころだったと思うのです。文化政策も建設政策の側面があって、結構、公共事業を出して業界にも雇用にも配慮するような社会統合政策になってきたと思います。

いずれにせよ、共有する価値観みたいなものをきちんとコミュニティで支えていく、それが地域のベースなんだと思います。難しいのは、そこに新しさを入れていくこと。コアなグループの価値観だけだと、新しい時代のチャレンジが難しい。コミュニティを維持しながらチャレンジする、社会実験をするというのが、これからの時代の制度的な工夫だと思うのです。

ここで議論しているのもそういうことだと思いますけど、そのためにはほんものの価値をきちんと言葉に直して、その価値を共有しつつ、いまの時代に必要なものにチャレンジをする。

そして、さらに大事なのは、それを外部や海外に発信していくことです。金沢の中にいくら伝統的価値観を大事にしているコアなグループがいても、市場は限られている。どんどん縮小しているので、それだけでは経済的に支えきれません。でも、金沢の伝統的価値観の中には普遍的な要素も含まれているので、これをもっと外にアピールしていけばいい。そのためにはチャレンジをしなければいけない。チャレンジできる仕組みが必要です。それはほんものに裏付けられていないと、どこに飛んでいくか分からない。そのあたりのバランスのある組織や制度のつくり方を、どう受け継いでいくかが課題です。

内田　山出さんがつくった基盤が消費される危機はあると思います。金沢の価値をつくり上げて、それに価値を見いだす人たちが購入するというパターンができている。消費対象になっている。

佐無田■景観は破壊する人の方が価値を享受します。景観を破壊している人は、高いところから素晴らしい眺望を得られますが、下にいる人はどんどん見えなくなる。

川崎■景観を守る人自身にはメリットがあんまりないんですよ。それは信念でしかありませんから。壊す人には利用する目的があるわけです。

内田■法律上は建てることができるので、止められない。それは公共に対する精神や意識の醸成という問題ですね。

佐無田■議論は尽きませんが、このあたりで終了にしたいと思います。ここで出た論点は持ち帰ってぜひまた熟成させてもらえればと思います。どうもありがとうございました。

あとがき

2015年3月14日、北陸新幹線の長野・金沢間が開業しました。まちに観光客が増え、賑わいが戻ってきました。

しかし、まちの伝統環境や景観が阻害されないか、固有の「金沢らしさ」が失せないかなど気懸かりな一面がないわけではありません。

加えて人口減少時代です。都市縮小の時代ともいわれます。いずれ都市計画や土地利用計画の見直しが必要でしょう。いたずらな規模の拡大や、まちの拡散は行わず、街なかの凝縮を通じて、人にやさしい生活中心のまちづくりに変えていかねばなりません。

また、戦後の日本の都市状態は、まるで金太郎飴みたい。まちはすべからく顔が見えなければなりません。まちの顔とは何か、個性とか魅力の体現ともいうべきものでしょう。また、まちの醸す雰囲気でもある「金沢らしさ」とは何かも問われなければならないのです。

このように、まちづくりは、いま一度、原点に立ち返らなければならないと考えます。

折しも、拙著『金沢の気骨』（北國新聞社刊）の読書会がスタートしたのは、2013年6月のことでした。大学教授、大学院生、建築設計事務所代表、陶芸家などまちづくりに関心を持つ新進50人ほどが参加しました。

ここではまちづくりにおける「ほんものとは何か、伝統とは、新しさとは、またコミュニティのあり方」などのテーマが中心になりました。いわば、まちづくりの基本に関して、真摯で熱心なトークが10回にわたって開かれ、その報告書ともいうべきものが本書です。

市民のみなさんをはじめ、まちづくりにかかわる多くの方々にお読みいただき、これからのまちづくりの根幹部分に意識の共有ができれば望外の幸せです。

また、市民サイドによるトークセッションの成果として本書が刊行できたことにいささかの喜びを感じております。

この試みにご協力をいただいた北國新聞社の飛田秀一会長と関係の皆様に心から厚く御礼申し上げます。

2015年11月　　　　　　山出保　記

秋元《あきもと》　雄史《ゆうじ》　金沢21世紀美術館館長　東京藝術大学大学美術館館長・教授

1955年、東京都生まれ。東京藝術大学美術学部絵画科卒。1991年からベネッセアートサイト直島のアートプロジェクトに関わる。2004年地中美術館館長。2007年金沢21世紀美術館館長。2015年から金沢21世紀美術館館長と東京藝術大学大学美術館館長・教授を兼務

浅田《あさだ》　久太《きゅうた》　浅田屋代表取締役社長

1968年、金沢市生まれ。浅田屋16代目。慶応義塾大学中退。東京でのコンサル勤務を経て帰郷、金沢初の大型本格イタリア料理店、ひがし茶屋街の料亭など新しい食文化を発信する飲食店を手掛ける。2013年初代金沢MICE推進協議会長、2015年金沢市旅館ホテル協同組合理事長。

内田奈芳美《うちだなおみ》　埼玉大学人文社会科学研究科准教授

1974年、福井市生まれ。ワシントン大学修士課程修了、2006年早稲田大学理工学研究科博士課程修了、博士（工学）。専門は都市計画・まちづくり。金沢工業大学環境・建築学部講師などを経て、現在、埼玉大学人文社会科学研究科准教授。

浦《うら》　淳《じゅん》　浦建築研究所代表取締役　NPO法人趣都金澤理事長

1966年、金沢市生まれ。大阪工業大学工学部建築学科卒。大林組を経て1993年浦建築研究所に入社、2006年代表取締役。同年まちづくりのNPO法人趣都金澤を設立、理事長。2012年中国現地法人日心企画（大連）有限公司を、2013年文化事業・まちづくり会社ノエチカを設立。

大樋《おおひ》　年雄《としお》　美術家

1958年、金沢市生まれ。十代大樋長左衛門の長男。ボストンユニバシティ大学院修了。国内外からの企画展、個展、講演などの招聘を受け、現代美術と伝統に生きる美術家として活動は多岐にわたる。ロチェスター工科大学・台南藝術大学・金沢大学・客員教授、東京藝術大学講師。

角谷《かどや》　修《おさむ》　金沢美術工芸大学教授

1959年、金沢市生まれ。金沢美術工芸大学産業美術学科卒。1992年金沢美術工芸大学講師、主に空間デザイン関連のマネージメントとデザイン振興を推進。専門は展示計画、ミュージアムマネージメント学。現在、デザイン科教授・金沢美術工芸大学産学連携センター長。

川﨑《かわさき》　寧史《やすし》　金沢工業大学教授

1963年、京都市生まれ。大阪大学工学部卒。大阪大学大学院修士課程修了、京都大学大学院博士課程中退、博士（工学）。大阪大学助手、京都大学大学院助手、ハーバード大学大学院客員研究員を経て、2001年金沢工業大学助教授、2011年から現職。専門は建築計画学、都市・空間デザイン。

神﨑《かんざき》　淳子《じゅんこ》　金沢大学人間社会環境研究科博士研究員

山口県岩国市出身。横浜国立大学大学院修士課程修了、金沢大学大学院人間社会環境研究科博士後期課程修了、博士(経済学)。専門は地域雇用政策。2012年より、ジョブカフェ石川キャリアコンサルタント、金沢医科大学等で非常勤講師を行う。

小津《こづ》　誠一《せいいち》　E.N.N.代表　嗜季代表

1966年、金沢市生まれ。武蔵野美術大学建築学科卒。東京の設計事務所や京都精華大学非常勤講師などを経て独立。E.N.N.では建築設計チーム「studio KOZ.」、「金沢R不動産」、移住ウェブマガジンチーム「real local」などを、嗜季では飲食店「嗜季」などを率いる。金沢大学・金沢工業大学非常勤講師。

佐無田《さむた》　光《ひかる》　金沢大学教授

1974年、横浜市生まれ。横浜国立大学大学院国際社会科学研究科博士後期課程修了、博士（経済学）。2002年金沢大学講師。専門は地域経済学。サステイナブルな地域づくり、現代日本の地域経済システム、北陸の地域経済分析などを主な研究課題とする。2014年から金沢大学地域政策研究センター長。

高山《たかやま》健太郎《けんたろう》　ノエチカ ディレクター

1982年、大阪市生まれ。ニューヨーク市立大学ハンター校付属語学学校修了。2004年から福武財団にてベネッセアートサイト直島のアートプロジェクトに関わる。2012年からstudio-Lにてコミュニティデザインに関わる。2013年ノエチカのディレクター。2014年NPO法人趣都金澤事務局長。

竹橋《たけはし》　悠《ゆう》　浦建築研究所

1991年、金沢市生まれ。金沢工業大学建築都市デザイン学科卒、同大学院工学研究科建築学専攻に入学。大学院では歴史的資源を残す金沢市中心市街地における駐車場化の実態とプロセスについて研究する。2015年から浦建築研究所設備室設計員。

所《ところ》　健児《けんじ》　浦建築研究所

1963年、札幌市生まれ。札幌大学経営学部修士課程（サービスマーケティング）修了。グランビスタ・ホテル&リゾーツ、リゾートトラストにおいて都市型ホテル・海洋リゾート・スキーリゾートの開発にたずさわる。白山市観光連盟事務局長を経て現在、浦建築研究所営業室勤務。

中村《なかむら》　卓夫《たくお》　陶芸家

1945年、金沢市生まれ。茶陶の名手・中村梅山の次男。1978年より父に作陶を習う。金沢に根付く数寄文化や梅山考案の象嵌色絵の手法を用いつつ、1980年後半から個展、招待展に多数出展。2000年以降、“琳派”の解体・再構築を追求し、“うつわ”と空間の関係領域を拡張、展開している。

仁志出《にしで》憲聖《けんせい》　金沢学生のまち市民交流館コーディネーター　ガクトラボ代表取締役

1986年、金沢市生まれ。金沢大学大学院在学中、学生と地域を繋ぐ団体KAKUMA NO HIROBAを設立。2015年ガクトラボ代表取締役。実践型インターンシップや地域課題解決プロジェクト、キャリア支援、学生活動支援など実施。金沢学生のまち市民交流館では交流促進を行う。

蜂谷《はちや》　俊雄《としお》　金沢工業大学教授

1956年、富山県高岡市生まれ。1979年早稲田大学理工学部建築学科卒。1981年東京大学大学院工学系研究科建築学専攻修士課程修了。1983年から槇総合計画事務所で主に大規模公共施設の設計担当。2003年に金沢工業大学教授。専門は建築設計・地域計画・景観デザイン。

水野《みずの》　一郎《いちろう》　建築家　金沢工業大学教授・顧問

1941年、東京生まれ。東京大学建築学科卒、東京芸術大学大学院建築学専攻修了。大谷研究所で建築・都市に携わる。1977年金沢に移住。金沢工業大学建築学科に赴任。金沢計画研究所を設立し、地域の固有性と対話した建築設計、まちづくり、都市計画、文化財保護等の実務に取り組む。

宮川《みやかわ》　真也《しんや》　ヴォイス代表取締役　クリエイティブディレクター

1970年、福岡市生まれ。2001年クリエイティブチームのヴォイスを設立。金沢を拠点に全国の企業や商品のブランディングを手がける。金沢中心市街地の活性化プロジェクトNPOタテマチ大学や築90年の古民家をリノベーションしたカフェフルオブビーンズの運営を行う。

宮下《みやした》　智裕《ともひろ》　金沢工業大学准教授

1968年、静岡県生まれ。南カリフォルニア建築大学（SCI-Arc）修士課程修了、芝浦工業大学大学院工学研究科博士課程修了後、2000年金沢工業大学環境・建築学部助手、2007年より現職。博士（工学）。環境時代の建築デザインをベースに産学連携によるリノベーション、まちづくりなど幅広く活動中。金沢市夜間景観アドバイザー。

モリ川《かわ》ヒロトー　作曲家　映像クリエイター　フォトグラファー

金澤旧市街生まれ。多摩美術大学芸術学科映像専攻。映像演出家、音楽家（ハノーファ万博日本館をはじめとする国内外イベント演出、美術博物館展示演出など）として長年幅広く活動。2011年から旧市街を中心に金澤映像空間を数多く演出。金沢市観光協会 HP で「金澤コンシェルジュ通信」連載。いしかわ観光特使。

安江《やすえ》　雪菜《ゆきな》　計画情報研究所専務取締役　能登スタイルプロデューサー

金沢市生まれ。大学卒業後、横浜で２年勤務。U ターンし計画情報研究所に入社。北陸３県をフィールドに、コンサルタントとして政策立案、調査計画、各種事業支援を行うかたわら、能登の情報発信サイト「能登スタイル」と物販事業「能登スタイルストア」を運営。

山岸《やまぎし》　晋作《しんさく》　山岸製作所代表取締役社長

1972年、金沢市生まれ。1996年東京理科大学理工学部経営工学科卒。2000年オハイオ州立大学経営学部卒。プライスウォーターハウスクーパース・ワシントンDCオフィス勤務、IBMジャパン勤務を経て2004年山岸製作所入社。2010年代表就任。イタリア、北欧家具を中心にインテリア設計を手掛ける。

横山《よこやま》　隆《たかし》　アドコンシェル代表取締役社長

1963年、金沢市生まれ。大学卒業後、広告代理店勤務を経て、2009年アドコンシェル設立。地域の物産事業者や自治体向の誘客・旅行商品化企画 PR 等に従事。大学での臨時講義などで金沢での取り組みを紹介するなどいしかわ観光特使の役割を務める。加賀藩・歴史文化護持協力会会員。

吉村《よしむら》　寿博《としひろ》　吉村寿博建築設計事務所代表

1969年、鳥取県倉吉市生まれ。横浜国立大学大学院修了。1995年妹島和世建築設計事務所/SANAA 勤務。金沢 21 世紀美術館の建設にプロジェクトリーダーとして携わる中、金沢へ移住。2004年吉村寿博建築設計事務所設立。現在、金沢美大・金沢工大・金沢大学非常勤講師。

山出　保（やまで たもつ）

1931（昭和6）年、金沢市生まれ。金沢大学法文学部卒。1954年金沢市役所入庁、企画課長、財政課長、財務部長などを経て87年助役。90年に金沢市長に初当選し、5期20年にわたり在職。その間2003年から全国市長会長を2期4年務めた。日本建築学会文化賞（2000年）ほか受賞多数。著書に『金沢の気骨　文化でまちづくり』（北國新聞社）、『金沢を歩く』（岩波新書）など。

金沢まち・ひと会議

2012（平成24）年発足。2015年度よりNPO法人趣都金澤（2006年設立）内の委員会として再編。現在17名のメンバーで構成。金沢のまちを織りなすオーセンティック（真正）な価値を掘り起こし、新しい都市文化を金沢から発信することを目的として、情報発信、コミュニティ形成、事業提案を行っている。ホームページは、http://machihitokanazawa.com

金沢らしさとは何か
まちの個性を磨くためのトークセッション

発行日　2015（平成27）年12月10日　第1版第1刷
著　者　山出保＋金沢まち・ひと会議
発　行　北國新聞社
〒920-8588
石川県金沢市南町2番1号
TEL 076-260-3587（出版局）
FAX 076-260-3423
電子メール syuppan@hokkoku.co.jp

ISBN978-4-8330-2047-3 C0031